Concepções e processos democráticos de gestão educacional

SÉRIE CADERNOS DE GESTÃO
Heloísa Lück

- *Gestão educacional: uma questão paradigmática* – Vol. I
- *Concepções e processos democráticos de gestão educacional* – Vol. II
- *A gestão participativa na escola* – Vol. III
- *Liderança em gestão escolar* – Vol. IV
- *Gestão da cultura e do clima organizacional da escola* – Vol. V
- *Perspectivas da avaliação institucional da escola* – Vol. VI
- *Avaliação e monitoramento do trabalho educacional* – Vol. VII
- *Gestão do processo de aprendizagem pelo professor* – Vol. VIII

Dados Internacionais de Catalogação na Publicação (CIP)
(Câmara Brasileira do Livro, SP, Brasil)

Lück, Heloísa
   Concepções e processos democráticos de gestão educacional / Heloísa Lück. 9. ed. – Petrópolis, RJ : Vozes, 2013. Série: Cadernos de Gestão

   7ª reimpressão, 2023.

   ISBN 978-85-326-3294-4
   Bibliografia
   1. Gestão educacional e escolar 2. Gestão democrática e participativa 3. Descentralização 4. Autonomia I. Título.

Índices para catálogo sistemático:
1. Gestão educacional

Heloísa Lück

Concepções e processos democráticos de gestão educacional

EDITORA VOZES

Petrópolis

© 2006, Editora Vozes Ltda.
Rua Frei Luís, 100
25689-900 Petrópolis, RJ
www.vozes.com.br
Brasil

Todos os direitos reservados. Nenhuma parte desta obra poderá ser reproduzida ou transmitida por qualquer forma e/ou quaisquer meios (eletrônico ou mecânico, incluindo fotocópia e gravação) ou arquivada em qualquer sistema ou banco de dados sem permissão escrita da editora.

CONSELHO EDITORIAL

Diretor
Volney J. Berkenbrock

Editores
Aline dos Santos Carneiro
Edrian Josué Pasini
Marilac Loraine Oleniki
Welder Lancieri Marchini

Conselheiros
Elói Dionísio Piva
Francisco Morás
Gilberto Gonçalves Garcia
Ludovico Garmus
Teobaldo Heidemann

Secretário executivo
Leonardo A.R.T. dos Santos

Editoração: Sheila Ferreira Neiva
Diagramação: AG.SR. Desenv. Gráfico
Capa: WM design

ISBN 978-85-326-3294-4

Este livro foi composto e impresso pela Editora Vozes Ltda.

*Talvez não tenhamos conseguido fazer o melhor,
mas lutamos para que o melhor fosse feito.
Não somos o que deveríamos ser,
Não somos o que iremos ser,
Mas, graças a Deus,
Não somos o que éramos*
                (Martin Luther King).

Dedicatória

A série Cadernos de Gestão é dedicada a um conjunto bastante grande de pessoas com as quais tenho tido a oportunidade e o privilégio de me relacionar e de conviver, e que, por sua dedicação ao trabalho em prol da educação, e a vontade de continuar aprendendo para aprimorar sua atuação profissional, tem me estimulado a continuar escrevendo e divulgando ideias relacionadas ao trabalho educacional, em especial sobre sua gestão.

• A gestores de estabelecimentos de ensino brasileiros que acreditam na importância da escola para a formação de nossas crianças, jovens e adultos e na importância de seu papel para promover essa formação com qualidade. A partir dessa crença, vêm exercendo uma competente liderança, voltada para a formação de comunidades escolares coesas e comprometidas com a promoção de educação de qualidade. Da mesma forma, a partir dessa atuação, ao mesmo tempo, tanto pelo que ensinam como pelo que demonstram, seus alunos aprendem a se tornar cidadãos capazes e atuantes e a viver vidas mais satisfatórias e realizadas.

Fazem-no mediante o esforço pelo desenvolvimento de fatores, como por exemplo: a) uma cultura organizacional escolar caracterizada pela participação e envolvimento de todos, de forma colaborativa, na superação das naturais dificuldades do processo educacional; b) competência pedagógica orientada para a gestão de processos sociais de aprendizagem significativa; c) unidade e direcionamento proativo no enfrentamento dos desafios educacionais.

• A todos que atuaram e atuam como coordenadores estaduais da Renageste – Rede Nacional de Referência em Gestão Educacional –, do Consed – Conselho Nacional de Secretários de Educação – e tantos quantos participam dessa rede, por sua dedicação voluntária ao estudo e à promoção de experiências inovadoras em gestão educacional, sua disseminação e o intercâmbio das mesmas. Dessa forma, deram vitalidade a suas comunidades educacionais, acreditando no princípio de que pequenos núcleos mobilizados para a transformação e melhoria, quando conectados em rede, promovem transformações significativas em seus contextos educacionais.

• Também aos coordenadores nas Secretarias Estaduais de Educação, do Prêmio Nacional de Referência em Gestão Escolar, um projeto do Consed, em parceria com a Undime, Unesco e Fundação Roberto Marinho, que assumem esse encargo extra em seu trabalho de gestão, para disseminar a prática de autoavaliação pelas escolas como condição de melhoria de seu desempenho. Por sua atuação desinteressada e comprometida, têm contribuído, dessa forma, para criar a necessária cultura da autoavaliação em nossas escolas, fundamental para o estabelecimento de ações focadas na melhoria contínua.

• Aos gestores escolares que lideraram em suas escolas a realização de um movimento de autoavaliação de seus processos de gestão escolar e se inscreveram no Prêmio Nacional de Referência em Gestão Escolar, contribuindo, desse modo, para o reforço e a melhoria dessas práticas de gestão e disseminação de boas práticas e referências positivas.

Em especial, é dedicado aos inúmeros profissionais da educação que têm lido meus artigos esparsos e manifestado, quando nos encontramos nos mais diversos eventos, seminários e cursos de educação, sua satisfação em tê-los lido e deles terem tirado alguma inspiração para orientar o seu trabalho. Suas manifestações revelam seu entusiasmo por estudar, refletir sobre o seu trabalho e buscar construir estratégias e formas para a sua melhor atuação.

Heloísa Lück
Cedhap – Centro de Desenvolvimento Humano Aplicado
cedhap@terra.com.br
Fone e fax: (41) 336-4242

Sumário

Apresentação dos Cadernos de Gestão, 15
Apresentação deste volume, 19
1. Perspectivas da gestão educacional, 23
    1.1. A dinâmica de mudança e suas implicações quanto à gestão, 29
    1.2. Superação de modelo estático e segmentado de escola e de sua direção, 34
    1.3. A descentralização do ensino, a democratização da escola e a construção da autonomia da gestão escolar, 39
        1.3.1. O processo de descentralização do ensino, 41
        1.3.2. A democratização da escola, 58
        1.3.3. A autonomia da gestão escolar, 61
2. Mecanismos de construção da autonomia da gestão escolar, 65
    2.1. Órgãos colegiados, 65
    2.2. Eleição de diretores, 76
    2.3. Descentralização de recursos financeiros, 80
3. Desdobramentos e aspectos da prática e construção da autonomia da gestão escolar, 89

3.1. Significados e aspectos básicos da autonomia da gestão escolar, 94
3.2. O que não é autonomia, 102
3.3. Dimensões da autonomia, 103

4. A prática e a construção da autonomia de gestão escolar, 107

4.1. Princípios orientadores de práticas de autonomia em gestão escolar, 107
4.2. Atitudes que cerceiam as práticas autônomas, 110
4.3. Estratégias de construção da autonomia da gestão escolar, 114
4.4. Monitoramento e avaliação como corolário da autonomia da gestão escolar, 116
4.5. Desenvolvimento da autonomia na escola: um exercício de diagnóstico, 119

5. Destaques sobre a efetividade da autonomia da gestão escolar, 125

Referências bibliográficas, 129

Figuras

01. Eixos de realização das áreas do trabalho de gestão escolar, 27
02. Programa Sistema Nacional de Acompanhamento da Frequência Escolar – Safe (Inep/ MEC), 53
03. Eixos de realização das dimensões de gestão escolar, 105

Quadros

01. Ações para o envolvimento dos pais e da comunidade na escola, 68

02. Ações para o atendimento aos alunos, 70

03. Ações para a organização da escola, 71

04. Ações para o enriquecimento das experiências educacionais, 73

05. Ações para a operacionalização do Conselho Escolar, 74

06. Gestão financeira nas escolas estaduais da Bahia, 83

07. O que é autonomia e como se expressa, 120

08. Situações limitantes ao desenvolvimento da autonomia na escola, 121

09. O que não é autonomia, 122

Apresentação dos Cadernos de Gestão

O que é gestão educacional e escolar? Qual a relação entre gestão e administração? Qual a natureza do processo de gestão? Quais seus desdobramentos, dimensões e estratégias na escola? Quais as peculiaridades da gestão democrática participativa? Quais as suas demandas sobre o trabalho dos gestores escolares? Quem são esses gestores? Que ações de liderança são necessárias no trabalho de gestão? Quais as dimensões da gestão educacional? Como planejar, organizar e ativar estrategicamente o trabalho da escola? Como avaliar a gestão escolar e a atuação da escola?

Estas são algumas questões que os Cadernos de Gestão abordam com o objetivo de contribuir para que diretores, supervisores, coordenadores e orientadores educacionais reflitam sobre as bases da gestão, para o norteamento do seu trabalho, de forma conjunta e integrada, assim como para que profissionais responsáveis pela gestão de sistemas de ensino compreendam processos da escola e do efeito do seu próprio trabalho sobre a dinâmica dos estabelecimentos de ensino. Também constituem uma contribuição para que professores se familiarizem com concepções e processos de gestão, como condição para que, como membros da escola, participem de forma efetiva do processo de planejamento do projeto pedagógico.

Os Cadernos de Gestão integram, em vários volumes, questões específicas de gestão, procurando contribuir para: a) a iniciação nessas questões de alunos de cursos de Formação para o Magistério e de Pedagogia; b) a integração entre reflexão e ação por profissionais que atuam em âmbito de gestão educacional e escolar; c) o estudo crítico por alunos de cursos de pós-graduação com foco em gestão educacional a respeito dos vários desdobramentos dessa área de atuação educacional; d) a identificação entre pesquisadores de elementos e aspectos de gestão que serviam como objeto na formulação de questões de investigação na área.

Os Cadernos de Gestão são, portanto, de interesse de profissionais que atuam em gestão escolar (diretores, vice-diretores, supervisores, coordenadores e orientadores educacionais), assim como aqueles que são responsáveis, no âmbito macro de gestão de sistemas de ensino, pela orientação desse trabalho, a partir de núcleos, superintendências, departamentos, divisões de gestão educacional. Os acadêmicos de cursos de Pedagogia e de Pós-graduação que tratam sobre a gestão escolar e educacional encontrarão nos Cadernos referências que procuram integrar questões práticas e teóricas, de modo a oferecer-lhes bases para a reflexão sobre práticas e conceitos dessa área.

Espera-se, com esta sistematização de material produzido pela autora – a partir de sua experiência como profissional, consultora de sistemas de ensino e docente em cursos de capacitação de gestores educacionais de vários níveis –, contribuir para a reflexão sobre as questões propostas mediante a discussão e o entendimento de conceitos e processos de gestão educacional, ou a ela relacionados. Espera-se, em última instância, com esta reflexão, contribuir para o estabelecimento de ações de gestão mais consistentes e orientadas para a efetivação de resultados educacionais mais positivos, tendo como foco a aprendizagem dos alunos e sua formação.

Ressalta-se que a gestão educacional, em caráter amplo e abrangente do sistema de ensino, e a gestão escolar, referente à escola, constituem-se em área estrutural de ação na determinação da dinâmica e da qualidade do ensino. Isso porque é pela gestão que se estabelece unidade, direcionamento, ímpeto, consistência e coerência à ação educacional, a partir do paradigma, ideário e estratégias adotadas para tanto. Porém, é importante ter em mente que é uma área-meio e não um fim em si mesma. Em vista disso, o necessário reforço que se dá à gestão visa, em última instância, a melhoria das ações e processos educacionais, voltados para a melhoria da aprendizagem dos alunos e sua formação, sem o que aquela gestão se desqualifica e perde a razão de ser. Em suma, aperfeiçoa-se e qualifica-se a gestão para maximizar as oportunidades de formação e aprendizagem dos alunos. A boa gestão é, pois, identificada, em última instância, por esses resultados.

Com essas questões em mente, a proposta dos Cadernos de Gestão é a de cobrir aspectos fundamentais e básicos da gestão educacional com o objetivo de contribuir para que se possa vislumbrar os processos de gestão em sua abrangência e também em sua especificidade, e, dessa forma, estimular e nortear a reflexão sobre a gestão educacional como ação objetiva e concreta orientada para resultados educacionais.

Para o momento são destacados 13 assuntos para compor a Série Cadernos de Gestão, podendo, no entanto, com a evolução dos trabalhos, a lista ser aumentada.

Heloísa Lück

Apresentação deste volume

As questões de descentralização do ensino, sua democratização e autonomia da gestão escolar estão postas em contínuo debate na educação brasileira e fazem parte de um grande movimento pela democratização das instituições educacionais e dos serviços que prestam. A continuidade do debate em torno delas revela, de um lado, o grande interesse em sua realização como condição para a tão almejada democratização da sociedade, e de outro, a dificuldade de sua realização, não apenas pelas naturais resistências que os processos de mudança promovem, como pela complexidade das questões decorrentes, que remetem a uma multiplicidade de entendimentos e expressões. Também, e sobretudo, porque esses conceitos se referem a processos sociais dinâmicos de relacionamento entre pessoas que se expressam em uma cultura organizacional cuja prática de estudo e de esforço por entendê-la, para melhor nela atuar, não é corrente entre nós.

Entende-se que diferentes leituras podem ser feitas sobre a descentralização, democratização e autonomia, conforme a perspectiva da visão e a profundidade que se queira dar a ela. Pretende-se, neste volume, apresentar algumas ideias e concepções a respeito, de modo a estabelecer um contexto a um conjunto de ideias, processos e estratégias a comporem a Série Cadernos de Gestão. Portanto, não se pretende estabelecer um entendimento definitivo, amplo e aprofundado e de caráter acadêmico sobre elas, uma vez que permanecem abertas à discussão, que consideramos como sendo condição básica na vigência de paradigma aberto de construção do conhecimento e da própria democracia no interior da escola. Pretende-se sim oferecer algumas referências para a reflexão sobre as práticas nas organizações de sistemas de ensino e de escolas, em relação a esses aspectos, de modo a encaminhar ações para a melhoria dessas práticas. O objetivo, portanto, é o de suscitar a reflexão sobre práticas, de modo a elucidar significados das ações realizadas, à luz dos conceitos apresentados e examinados.

Discussões aprofundadas podem ser feitas pelos leitores, com seus colegas, em torno das concepções em si, da sua materialização em documentos legais, assim como da sua expressão nos processos sociais do ensino.

No primeiro capítulo deste trabalho retoma-se, mediante novas abordagens explicativas, o enfoque da mudança paradigmática orientadora do entendimento da gestão educacional, que foram aprofundadas no volume I desta série, de modo a contextualizar as concepções específicas deste livro e dar-lhes significado amplo, abrangente e unitário. A partir da proposição paradigmática, são apresentadas as questões da descentralização, democratização e autonomia. Considerando que a gestão da autonomia da escola constitui-se na expressão da descentralização do ensino e democratização da escola, aquela questão é ampliada em um capítulo à parte.

Esses dois capítulos tiveram por base artigo escrito pela autora, intitulado "Perspectivas da gestão escolar e implicações quanto à formação de gestores", na revista *Em Aberto*, vol. 17, n. 72, p. 11-34, de junho de 2000, uma publicação do Inep/MEC, cujo tema foi a gestão educacional, e cuja organização esteve a cargo da autora desta Série.

O segundo e o terceiro capítulos tiveram também por base textos não publicados e transparências organizadas pela autora para orientar palestras, cursos e oficinas sobre autonomia da gestão escolar destinadas a gestores de sistemas de ensino e de escolas, por solicitação de secretarias estaduais e municipais de educação que adotaram política de descentralização e construção da autonomia da gestão escolar. Em decorrência dessas oficinas, alguns resultados de reflexões nelas produzidas pelos seus participantes são também apresentados.

1
Perspectivas da gestão educacional

No contexto da educação brasileira, tem-se dedicado muita atenção sobre a gestão do ensino que, como um conceito novo, supera o enfoque limitado de administração, a partir do entendimento de que os problemas educacionais são complexos, em vista do que demandam visão global e abrangente, assim como ação articulada, dinâmica e participativa. Assenta-se, portanto, sobre a mobilização dinâmica e em equipe do elemento humano, coletivamente organizado, enfocando-se em especial sua energia e competência como condições básicas e fundamentais da qualidade da educação e das ações realizadas nos sistemas de ensino, assim como, em última instância, da transformação do próprio significado da educação brasileira, dos sistemas de ensino e de suas escolas.

A gestão emerge para superar, dentre outros aspectos, carência: a) de orientação e de liderança clara e competente, exercida a partir de princípios educacionais democráticos e participativos; b) de referencial teórico-metodológico avançado para a organização e orientação do trabalho em educação; c) de uma perspectiva de superação efetiva das dificuldades cotidianas pela adoção de mecanismos e métodos estratégicos globalizadores para a superação de seus problemas[1]. Essa superação ocorre nas circunstâncias em que se observa, por parte dos gestores educacionais, a atuação inspiradora e mobilizadora de energia e competência coletiva orientada para a efetividade. Por efetividade, entende-se, pois, a realização de objetivos avançados, em acordo com as novas necessidades de transformação sócio-econômico-cultural e desenvolvimento criativo e aberto de competências humanas, mediante a dinamização do

---

[1]. Registra-se ser comum a lógica de que o que dificulta o processo ensino-aprendizagem é problema e não desafio, resultando desse entendimento a expectativa de solução dos problemas educacionais e escolares. Lembramos, no entanto, que essa expectativa está associada a uma perspectiva segundo a qual os problemas não deveriam existir, sendo, portanto, encarados com sentimento de rejeição e com uma perspectiva reativa. Em vista disso, conforme temos observado, as medidas assumidas para atuar em relação aos mesmos adotam uma perspectiva igualmente reativa, em decorrência do que os resultados são invariavelmente limitados e inadequados. Evidencia-se que os "problemas", isto é, situações de tensão, conflito e resistência a mudanças, são naturais em todo processo social. Eles, de fato, são desafios que, ao serem superados, constituem uma nova base de desenvolvimento, a partir da qual novos desafios surgem naturalmente. Verifica-se que a tendência a enfocar "problemas" é negativa, uma vez que se costuma identificar que em educação os problemas são sempre os mesmos, ficando cada vez mais resistentes, tal como os vírus tratados com antibióticos, que se tornam cada vez mais resistentes; também porque, mediante essa ótica, orienta-se a ação para alcançar ou realizar aspectos específicos do que faltava no passado, sem perspectiva e orientação estratégica de futuro.

talento humano, sinergicamente organizado, e a organização competente do trabalho e emprego criativo de recursos os mais diversos.

Com esse entendimento em mente, a gestão educacional corresponde à área de atuação responsável por estabelecer o direcionamento e a mobilização capazes de sustentar e dinamizar o modo de ser e de fazer dos sistemas de ensino e das escolas, para realizar ações conjuntas, associadas e articuladas, visando o objetivo comum da qualidade do ensino e seus resultados. Sem essa orientação, todos os esforços e gastos são despendidos sem muito sucesso, mediante a atuação orientada por: a) adotarem perspectivas burocráticas, isoladas e eventuais; b) focalizarem projetos isolados, na busca de soluções tópicas e localizadas, e sem participação, na fase de planejamento, dos envolvidos na ação para implementá-los; c) enfatizarem a realização de atividades, sem orientação clara e empenho determinado pela realização de objetivos e promoção de resultados significativos. No entanto, estes aspectos, dentre outros, têm ocorrido na educação brasileira, evidenciando-se a falta de reconhecimento de que a realidade é dinâmica e que os desafios e dificuldades experimentados no processo educacional são globais e abrangentes, demandando ação compreensiva, perspicaz e criativa, pelo empenho de pessoas organizadas em torno de um projeto conjunto.

A gestão educacional dos sistemas de ensino e de suas escolas constitui uma dimensão e um enfoque de atuação na estruturação organizada e orientação da ação educacional que objetiva promover a organização, a mobilização e a articulação de todas as condições estruturais, funcionais, materiais e humanas necessárias para garantir o avanço dos processos socioeducacionais. Estes se justificam na medida em que são orientados para a promoção efetiva da aprendizagem pelos alunos, de modo a contribuir para que se tornem capazes de enfrentar adequadamente, dentre outros aspectos, os desafios da sociedade complexa, globalizada e da economia, que passa a centrar-se cada vez mais no conhecimento para o seu desenvolvimento.

A partir da perspectiva de visão de conjunto, mediante uma figura de quadrantes, é possível visualizar objetivamente a distribuição em eixos à medida em que são realizadas ações ou atendidas demandas de áreas complementares entre si no exercício da gestão, como é o caso da estrutura e do funcionamento (eixo horizontal) e das condições materiais e das humanas (eixo vertical) no trabalho da gestão educacional. Na medida em que estas são efetivadas com frequência ou intensidade aproximada, entre os diferentes eixos, verifica-se o equilíbrio das ações e uma visão de conjunto, isto é, uma verdadeira prática de gestão. Porém, na medida em que ocorre maior ênfase sobre uma condição e desatenção em relação a outra, verifica-se a tendência adotada pelo enfoque administrativo que prioriza uns aspectos sobre outros, e em vista do que ocorre o desequilíbrio das ações e, portanto, a falta de efetividade na obtenção de resultados.

Conforme se pode observar na Figura 01, pontuando-se a atenção da condição em um eixo e estabelecendo-se uma linha de ligação com o ponto de realização das demais condições, nos seus respectivos eixos, pode-se observar a tendência ao desequilíbrio de atenção, em um caso hipotético, em que o atendimento às questões materiais ganhou nível de atenção 8, enquanto que se registrou atenção de nível 6 para as questões estruturais, nível 4 para as de funcionamento e nível 3 para as humanas.

Figura 01 – Eixos de realização das áreas do trabalho de gestão escolar

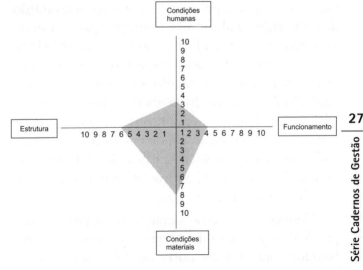

A gestão educacional constitui, portanto, uma área importantíssima da educação, uma vez que, por meio dela, se observa a escola e se interfere sobre as questões educacionais globalmente, mediante visão de conjunto, e se busca abranger, pela orientação com visão estratégica e ações interligadas, tal como em rede, pontos de atenção que, de fato, funcionam e se mantêm interconectados entre si, sistematicamente, reforçando-se reciprocamente.

Tendo como pano de fundo as novas demandas que a escola enfrenta, e às quais a ela compete responder, são analisadas questões fundamentais e os novos desafios afetos à gestão educacional. Muitos desses desafios já se acham assimilados conceitualmente, ou pelo menos genericamente, pela comunidade educacional, por se constituírem em aspiração da sociedade, já absorvida na proposição da Lei de Diretrizes e Bases da Educação Nacional, 9.394/96, como é o caso da democratização da educação e seus desdobramentos. No entanto, sua prática em nosso contexto é ainda um livro aberto a aprendizagens básicas que demandam muita observação, reflexão e estudo, mesmo porque, tendo em vista a complexidade dos processos sociais, estes são afetos à atribuição de múltiplos significados, muitas vezes difíceis de captar e interpretar.

Considerando que a orientação desse processo depende da ótica assumida e que o orienta, são apresentados inicialmente novos desdobramentos sobre a questão da mudança paradigmática da gestão educacional, de modo a estabelecer diretamente o contexto das questões da descentralização do ensino, da gestão democrática e da autonomia na gestão escolar, que são objeto deste livro. Delineia-se, dessa forma, o pano de fundo dessas questões, que são aqui tratadas como expressões da participação plena[2] por aqueles que fazem parte do movimento educacional.

De modo a estabelecer esse contexto, questões atuais da gestão educacional são objeto de análise, como, por exemplo, o desenvolvimento de um corpo teórico sobre essa gestão, a mudança de consciência social sobre a escola, a escola como organização social, a visão estratégica sobre a escola, o reconhecimento da importância da gestão educacional.

> No equilíbrio da atenção entre diferentes dimensões que se manifestam em uma realidade educacional reside o enfoque da gestão efetiva.

1.1. A dinâmica de mudança e suas implicações quanto à gestão

Já é lugar comum a afirmação de que vivemos uma época de mudança. Porém, a mudança mais significativa que podemos registrar é a do modo como

---

2. O Vol. III desta série, sob o título **A gestão participativa na escola**, explicita mais amplamente a questão.

vemos a realidade e de como dela participamos. No geral, em toda a sociedade, observa-se o desenvolvimento da consciência de que o autoritarismo, a centralização, o conservadorismo, a fragmentação e a ótica do dividir para conquistar, do perde-ganha estão ultrapassados por conduzirem ao desperdício, ao imobilismo, ao ativismo inconsequente, à divisão de poder, que o destrói, e ao fracasso em médio e longo prazos quando se pensa em promover mudanças evolutivas e ganhos de desenvolvimento; sobretudo, por essa orientação corresponder a uma fragmentação do ser humano e sua alienação em relação à experiência vital e a uma distorção dos rumos estruturais de sua formação.

Emerge, portanto, dessa conscientização, um novo paradigma[3], que procura superar tais limitações, na busca de uma atuação mais efetiva.

Essa mudança de paradigma é marcada por uma forte tendência à adoção de práticas interativas, participativas e democráticas, caracterizadas por movimentos dinâmicos e globais pelos quais dirigentes, funcionários e clientes ou usuários estabelecem alianças, redes e parcerias, na busca de superação de problemas enfrentados e alargamento de horizontes e novos estágios de desenvolvimento. Tais movimen-

---

3. A esse respeito, veja-se o Vol. I desta série, sob o título **Gestão educacional: uma questão paradigmática**, que examina essa questão.

tos partem do pressuposto de que qualquer dificuldade específica é, em si, global por afetar e dizer respeito, direta ou indiretamente, a todas as pessoas, e por estar interligada a todos os aspectos de uma realidade.

Em meio a esse processo de mudança, não apenas a escola desenvolve a consciência sobre a necessidade de orientar o seu processo interno de mudança, de modo a acompanhar as novas condições externas, como a própria sociedade cobra que o faça. Assim é que a escola encontra-se, hoje, no centro de atenções da sociedade. Isto porque se reconhece que a educação, na sociedade globalizada e economia centrada no conhecimento, é dotada de grande valor estratégico para o desenvolvimento de qualquer sociedade e da qualidade de vida de seus cidadãos. Sobretudo, no entanto, é importante reconhecer que a educação é condição necessária para a formação de indivíduos, sem a qual estes não se alçam a níveis mais elevados de desenvolvimento humano, como pessoas e cidadãos.

Destaca-se que essas atenções não estão sendo realizadas de maneira plena e ainda estão, muitas vezes, orientadas por um velho e já enfraquecido paradigma orientador da cobrança a governos, em vez de participação ativa para promoção da educação, junto com os governos, a partir do princípio de que educação não é apenas responsabilidade de governo, mas de todas as instituições e membros da sociedade. Porém, ela se consolida gradualmente e oferece grande impacto sobre o que acontece na escola. Aliás, observa-se o interesse de grupos e organizações em colaborar com a escola, constituindo-se essa colaboração um campo fértil para a realização de parcerias e um grande desafio para os gestores escolares atuarem de forma colaborativa com a comunidade.

São, portanto, demandadas mudanças urgentes na escola, a fim de que esta garanta a formação competente de seus alunos, de modo que sejam capazes de enfrentar criativamente, com empreendedorismo e espírito crítico, os desafios cada vez mais complexos e instigantes da sociedade. Considerando essas questões, não basta à escola ensinar o aluno a preparar-se para níveis mais elevados de escolaridade, de modo que o ensino volte-se para demandas internas[4] da escola. O que a escola precisa fazer, em todas as experiências que realiza, é promover o desenvolvimento de competências significativas do aluno, tendo como foco as necessidades evolutivas que o mesmo

---

4. Infelizmente, observa-se que esta tem sido uma realidade na prática de ensino-aprendizagem e organização curricular e do projeto pedagógico de escolas, que se têm orientado muito mais para a coerência lógica interna do conhecimento construído, do que para o estabelecimento da coerência desse conhecimento com a realidade, que estaria supostamente representando. Essa representação e a capacidade de as experiências educacionais levarem os alunos a conhecerem a realidade e a si mesmos na realidade, constitui-se em objetivo do processo ensino-aprendizagem, juntamente com o desenvolvimento de seu potencial pessoal.

enfrenta e enfrentará, em cada estágio de sua vida, que, em última instância, demandam que ele aprenda a compreender a vida, a sociedade e a si mesmo inserido nesse contexto e dele participante como influente e influído. A cada estágio de desenvolvimento, novas necessidades e possibilidades de expressão e compreensão emergem, formando ciclos contínuos e cada vez mais aprofundados de aprendizagem e desenvolvimento. Por conseguinte, a educação, no contexto escolar, se complexifica e exige organização da ação educacional e esforços cada vez mais redobrados e renovados, como um processo de vida e de trabalho, vinculados ao mundo real, para o que é fundamental a participação da comunidade tanto interna quanto externa do estabelecimento de ensino.

Por outro lado, a própria sociedade, embora muitas vezes não demonstre ter bem claro qual o tipo de educação de que seus jovens necessitam, tendo em vista a diversidade de pontos de vista expressa por seus diversos segmentos, vem gradualmente exigindo maior competência da escola e que esta demonstre ao público essa competência, com bons resultados de aprendizagem pelos seus alunos e bom uso de seus recursos. Por outro lado, também tem demonstrado tendência a contribuir para a realização desse processo, mediante trabalho voluntário e realização de parcerias.

Todo esse movimento, no sentido de rever a concepção de educação, de escola e da relação escola-sociedade, tem demandado dos estabelecimentos de ensino um esforço especial de gestão, de organização dos processos socioeducacionais e de articulação de seu talento e energia humana, de recursos e processos, com vistas à promoção de experiências de formação de seus alunos, capazes de transformá-los em cidadãos participativos na sociedade.

1.2. Superação de modelo estático e segmentado de escola e de sua direção

Até bem pouco tempo, o modelo de direção da escola que se observava como predominante era centralizado na figura do diretor, que agira como tutelado aos órgãos centrais, competindo-lhe zelar pelo cumprimento de normas, determinações e regulamentos deles emanados. Dessa forma, atuava sem voz própria para determinar os destinos da escola e, portanto, desresponsabilizado dos resultados de suas ações. Seu papel nesse contexto era, por assim dizer, o de gerente de operações ditadas, a partir dos níveis e órgãos centrais, mediante "programas detalhados e uniformes para a realização generalizada em todas as escolas" (SILVA, 2001: 110).

Essa situação, é importante destacar, cria uma perspectiva estática, burocratizada e hierarquizada do sistema de ensino e das escolas, por orientar-se pelo estabelecimento de uniformidade do sistema de ensino – em vez de pela sua unidade – reforçando padrões não de resultados e sim de formas de desempenho que desconsideram a necessidade de criatividade, iniciativa e discernimento em relação a dinâmicas interpessoais e sociais, envolvidos na realização do processo educacional. Nesse contexto, o trabalho do diretor escolar constituía-se, sobretudo, em repassar informações, assim como controlar, supervisionar, "dirigir" o fazer escolar, em acordo com as normas estabelecidas pelo sistema de ensino[5]. Bom diretor era o que cumpria essas obrigações plena e zelosamente, de modo a garantir que a escola não fugisse ao estabelecido em âmbito central ou em nível hierárquico superior.

Essa situação explicar-se-ia pelo entendimento limitado de que a escola é do governo, visto como uma entidade superior e externa à sociedade. Esse entendimento, é possível conjecturar, pode estar associado à leitura ao pé da letra da determinação constitucional de que educação é dever do Estado, interpretando-se de forma inadequada essa determinação legal, no sentido de que caberia à sociedade apenas o direito de educação e não a responsabilidade conjunta de zelar por ela e promovê-la. Em asso-

---

5. O mesmo entendimento também ocorria em relação a estabelecimentos particulares de ensino, cujas mantenedoras fazem as vezes dos órgãos centrais de sistemas e, tendo em vista sua maior proximidade com a escola, exercem de maneira mais direta e eficaz esse controle.

ciação a este entendimento, estabelece-se uma concepção, segundo a qual direitos são separados de deveres, e governo é separado da sociedade, daí por que o governo seria responsável pela escola e pelos seus processos, sendo a sociedade constituída de usuários, a quem cabe receber os benefícios oferecidos.

Diante dessa compreensão, que corresponde ao paradigma positivista, adotou-se uma fundamentação teórica de caráter normativo, determinado por polarizações, como por exemplo, entre certo-errado, perfeito-imperfeito, função-disfunção, produto-processo, ensino-aprendizagem. Adotou-se o método de administração científica, orientado exclusivamente pelos princípios da racionalidade limitada; da linearidade; da influência estabelecida de fora para dentro; do emprego mecanicista de pessoas e recursos para realizar objetivos organizacionais de sentido limitado, dentre outros aspectos. Com esse enfoque, administrar corresponderia a comandar e controlar, mediante uma visão objetiva de quem atua sobre a unidade e nela intervém de maneira distanciada, até mesmo para manter essa objetividade e a própria autoridade funcional. E, para manter essa objetividade, tudo seria considerado pela ótica utilitarista como recursos, inclusive pessoas. A expressão "recursos humanos" traduz claramente essa concepção utilitarista, que destitui das pessoas o seu valor, oculta a sua personalidade e a desvincula das suas ações e respectivos resultados, eliminando, em suma, a humanidade das pessoas e de processos sociais, gerando, dessa forma, um acentuado espírito de alienação.

Mediante a adoção de tais pressupostos, resultou a hierarquização e verticalização na condução dos sistemas de ensino e das escolas, a desconsideração aos processos sociais neles vigentes, a burocratização dos processos, a fragmentação de ações e sua individualização e, como consequência, a desresponsabilização de pessoas em qualquer nível de ação, pelos resultados finais de seu trabalho. A esses pressupostos e suas implicações está associada a administração por comando e controle, centrada na autoridade funcional, em detrimento da formação de espaços de participação coletiva e atuação criativa de sujeitos responsáveis por suas ações.

Verifica-se que a realidade em geral e os ambientes educacionais, por sua dinâmica vital, são constituídos por processos interativos, caracterizados pela diversificação e pluralidade de interesses e objetivos, num contínuo embate entre diferentes dimensões e aspectos. Essas condições criam nas organizações sociais e processos interpessoais nelas ocorrentes complexidades tais que não se pode conceber sejam elas geridas pelo enfoque limitado da administração científica, pelo qual tanto a organização como as pessoas atuando em seu interior são consideradas como componentes de uma máquina a ser manejada e controlada de fora para dentro e de cima para baixo, a partir de normas, regulamentos e planos limitados e funcionais. Também segundo esse enfoque, os problemas recorrentes seriam sobretudo encarados como carência de insumos, sobretudo os financeiros e os de pessoas, em desconsideração à falta de orientação de seu processo e dinamização da energia social necessária para promovê-lo.

Cabe destacar que os sistemas de ensino como um todo, e os estabelecimentos de ensino, como unidades sociais, são organismos vivos e dinâmicos e como tal devem ser entendidos. Ao serem vistos como organizações vivas, caracterizadas por uma rede de relações entre todos os elementos que nelas interferem, direta ou indiretamente, a sua direção demanda um novo enfoque de organização.

E é a esta necessidade que a gestão procura responder. Ela abrange, portanto, a dinâmica das interações, em decorrência do que o trabalho como prática social passa a ser o enfoque orientador da ação do dirigente, executada nas organizações de ensino de forma compartilhada e em equipe. O mesmo se orienta por uma "perspectiva mais humana, integrada e coletiva, que desvela [dentre outros aspectos] as tramas, as correlações de força, os interesses, as especificidades" que particularizam uma escola, cuja compreensão e respectiva atuação sobre esses aspectos permite a realização de "gestão mais coletiva, transparente e democrática da instituição" (CRUZ et al. 2005: 70-71).

1.3. A descentralização do ensino, a democratização da escola e a construção da autonomia da gestão escolar

Um paradigma corresponde a uma visão de mundo que permeia todas as dimensões da ação humana, não se circunscrevendo a esta ou àquela área, a este ou àquele nível ou âmbito de operação. Porém, como um paradigma é fruto de uma consciência social e coletiva de um tempo, e esta não se dá de modo homogêneo, sobretudo em sua fase de gestação, é possível identificar certa diversidade de orientações e expressões que manifestam graus de intensidade diferente em relação à orientação em torno de um paradigma. Isso porque o grau de maturidade de diferentes grupos e segmentos sociais varia segundo o conjunto de suas experiências e sua consciência sobre as mesmas e o seu papel em relação a elas. Em decorrência, podemos afirmar que vivemos em uma condição de transição dialética entre um paradigma e outro, de que resultam tensões e contradições próprias do processo a serem encaradas como naturais. Nessa transição, idealizamos perspectivas diferentes, mais abertas, orientadas pelo novo paradigma e, no entanto, vemos a falta de correspondência entre as ideias e a realidade, que será superada apenas e na medida do esforço de orientação para a sua implementação[6].

---

6. Apesar dos aspectos de tensão e de conflito dessa condição, pode-se afirmar que, ao vivê-la, temos a oportunidade de vivenciar condições riquíssimas de desenvolvimento, pois conforme indicado por Ubaldi (1986: 30) "só quem se colocou no meio de dois extremos pode vê-los e avaliá-los ambos ao mesmo tempo".

Em consequência, muito embora as concepções de descentralização do ensino, democratização da escola e autonomia de sua gestão sejam parte de um mesmo corolário, encontramos certos sistemas de ensino que buscam o desenvolvimento da democratização da escola, sem pensar na autonomia da sua gestão e sem descentralizar poder de decisão para a mesma; ou que pensam em construir a autonomia da escola, sem agir no sentido de criar mecanismos sólidos para sua democratização e desenvolvimento da consciência de responsabilidade social e competência para exercê-la, em vista do que se cria o entendimento inadequado da autonomia e sua prática. Por outro lado, ainda, observa-se o esforço realizado em alguns sistemas de ensino, no sentido de desenvolver nas escolas os conceitos de democratização e autonomia, a partir de métodos e estratégias centralizadores, o que implica uma contradição paradigmática muito comum, que faz com que os esforços se anulem (LÜCK, 1987). Porém, na medida em que sejam essas situações examinadas, a partir de sua melhor compreensão, é possível fazer avançar as práticas, o entendimento sobre elas e o nível de consciência das pessoas envolvidas, que, por sua vivência, tornam-se sujeitos de sua atuação, evoluindo, ao mesmo tempo em que promovem evolução das organizações sociais de que participam.

Daí por que a importância de se delinear as ideias básicas dos múltiplos aspectos da gestão, que devem ser entendidos de forma associada, uma vez que a realização de uns, necessariamente remete à de outros, estabelecendo um processo de desenvolvimento em rede.

> A gestão democrática ocorre na medida em que as práticas escolares sejam orientadas por filosofia, valores, princípios e ideias consistentes, presentes na mente e no coração das pessoas, determinando o seu modo de ser e de fazer.

1.3.1. O processo de descentralização do ensino

O movimento de descentralização em educação é internacional e emerge com características de reforma nos países cujo governo foi caracterizado pela centralização, sobretudo aqueles que tiveram regimes autoritários de governo. Esse movimento está relacionado a vários entendimentos: a) de que as escolas apresentam características diferentes, em vista do que qualquer previsão de recursos decidida centralmente deixa de atender às necessidades específicas da forma e no tempo em que são demandadas; b) de que a escola é uma organização social e que o processo educacional que promove é altamente dinâmico, não podendo ser adequadamente previsto, atendido e acompanhado em âmbito externo e central; c) os ideais democráticos que devem orientar a educação, a fim de que contribua para a correspondente formação de seus alunos, necessitam de ambiente democrático e participativo; d) a aproximação entre tomada de decisão e ação não apenas garante a maior adequação das decisões e efetividade das ações correspondentes, como também é condição para a formação de sujeitos de seu destino e a maturidade social.

Portanto, há três ordens de entendimento na proposição de descentralização: a) uma de natureza operacional, que aponta para uma solução para os grandes sistemas de ensino, que falham por não poderem diretamente gerir as condições operacionais do ensino; b) outra de caráter social, que reconhece a importância da dinâmica social da escola, com uma cultura própria e, portanto, demandando decisões locais e imediatas ao seu processo, a fim de promover o melhor encaminhamento do processo educacional; c) mais outra ainda, de caráter político, que entende o processo educacional como formativo, demandando para a formação democrática a criação de ambiente democrático.

Há sistemas de ensino, como o americano, que emergiram, desenvolveram-se e são mantidos de forma descentralizada, a partir dos esforços e recursos locais[7] e grande participação das famílias. Dessa forma, existe um entendimento claro e explícito de que são as comunidades locais que mantêm a educação e suas escolas e se sentem por elas responsáveis. Dessa forma, "...cada vila ou cidade constitui um sistema escolar inteiramente autônomo. O Estado apenas dá algumas diretrizes de caráter extremamente geral e compensações financeiras para as cidades e vilas pobres, enquanto o governo federal apenas promove programas, mobiliza debates e corrige graves desequilíbrios" (CUNHA, 1995: 60).

Verifica-se, em contextos descentralizados, a consciência das comunidades sobre a importância da educação para a formação de suas crianças e jovens, e que a geração de recursos locais para a manutenção de escolas e seu sistema constituem-se em compo-

---

7. Nos Estados Unidos, as escolas são mantidas com recursos de três origens, cuja distribuição traduz o seu caráter descentralizado: cerca de 42,8% de recursos despendidos nas escolas são locais, a partir de impostos de propriedade; 49,2% dos recursos provêm de âmbito estadual, que exerce o papel de promover equidade entre as escolas distritais, e 8% dos recursos são federais, despendidos a partir do financiamento a programas para atendimento a problemas específicos, porém de caráter nacional – financiam-se projetos relacionados aos problemas focalizados, desenvolvidos por iniciativa das escolas. É importante destacar que nos Estados Unidos as escolas surgem como resultado da mobilização de comunidades, que, em associação com a consciência de que os recursos da educação são próprios e não de uma entidade abstrata e externa (o governo), a perspectiva de atendimento das necessidades educacionais, seu acompanhamento e contínua melhoria correspondem a um processo descentralizado.

nentes fortes de criação de um senso de responsabilidade das mesmas pelas escolas como centros importantes e significativos de formação dessas crianças e jovens. Essa consciência, é válido destacar, não se associa ao entendimento distorcido pelo enfoque unilateral, de desresponsabilização por governos sobre a realização da educação, mas sim corresponde a uma maior consciência de todos sobre essa responsabilidade complexa da sociedade toda. Este entendimento traduz-se no mote sábio identificado em comunidades não desenvolvidas, mas extremamente amadurecidas socialmente: "é necessário toda uma aldeia para educar uma criança".

Diagnósticos realizados sobre a educação brasileira revelam que nela ocorrem problemas crônicos, de longa data, e são mantidos, apesar de esforços para minimizá-los, uma vez que são mantidas as tendências de decisão centralizadora. Esses problemas, conforme apontado por Costa (1997: 16), são:

- Um alto grau de ineficiência e ineficácia traduzido por índices de repetência e evasão, ou seja, de exclusão.

- A superposição de competências, o burocratismo, o corporativismo e o clientelismo.

- A homogeneização das políticas que tendem a ignorar as desigualdades.

- O inadequado gerenciamento na aplicação de recursos, que privilegia instâncias intermediárias em detrimento da ponta do sistema.

- O distanciamento entre os que formulam políticas, os que as executam e a clientela.
- A inexistência de mecanismos de controle e avaliação que informem sobre o desenvolvimento de programas.
- A descontinuidade que caracteriza a implementação de programas, principalmente quando inovadores.
- A diminuição dos recursos investidos no ensino em geral e no ensino fundamental em particular.
- A multiplicação de cursos de formação de docentes em nível médio e/ou superior, sem controle de qualidade.
- A inexistência de uma política salarial que garanta condições dignas de exercício profissional e seja capaz de tornar a profissão atraente.

Diante desses aspectos, portanto, entende-se que a situação demanda um grande movimento para sua reversão como condição para a superação das condições da baixa qualidade e efetividade do ensino entre nós. No centro desse movimento, verifica-se ainda, dada a natureza das problemáticas identificadas, que apenas com uma efetiva participação, envolvimento e comprometimento local é possível promover a efetividade do ensino, tendo em vista não apenas a distância dos governos federal e estadual, e até mesmo dos sistemas municipais de ensino, em relação à escola, mas sobretudo porque são as pessoas com atuação direta ou indireta nas ações que fazem a diferença e sobretudo a partir de sua postura e perspectiva com que realizam o seu trabalho. Em face, pois, desses entendimentos, os esforços centralizados e distantes da escola, sem envolvê-la em processos de decisão a respeito de sua atuação, estariam fadados ao fracasso, como de fato tem-se verificado. A descentralização é, portanto, considerada tendo como pano de fundo tanto, e fundamentalmente, a perspectiva de democratização da sociedade, como também a melhor gestão de processos sociais e recursos, visando a obtenção de melhores resultados educacionais.

A relação entre centralização e desconcentração

Profissionais da educação identificaram[8] que, a fim de que a democratização da escola fosse plena, seria necessário ocorrer uma verdadeira democratização do sistema de ensino como um todo, envolvendo os níveis superiores de gestão. Em acordo com esse entendimento, estes deveriam, também, sofrer o processo de gestão democrática, mediante a participação da comunidade em geral e de representantes das escolas, na tomada de decisões a respeito: a) das políticas educacionais que delineiam, b) dos programas que propõem para realizá-las e c) das nor-

---

8. Coordenadores estaduais da Renageste/Consed – Rede Nacional de Referência em Gestão Educacional, do Conselho Nacional de Secretários de Educação, reunidos em Brasília, em setembro de 1997.

mas e regulamentos que definem para sua operacionalização. Somente mediante uma tal prática é que seria possível realizar a verdadeira descentralização preconizada. Essa prática corresponderia a uma real e importante descentralização do processo decisório, que seria plena, na medida em que houvesse, juntamente com a descentralização dos recursos necessários à realização de objetivos e estratégias acordados e definidos, a suspensão de práticas comuns de se propor, em âmbito de sistema de ensino, projetos pedagógicos a serem implementados pelas escolas[9], em vez de políticas educacionais. Em última instância, que houvesse uma mudança de postura e orientação, mediante a adoção de um relacionamento superador da verticalização e unilateralidade na definição dos rumos da educação.

No entanto, observa-se ser comum a adoção por sistemas de ensino, de políticas de descentralização, sem o entendimento das implicações quanto à bidirecionalidade e participação entre o nível de gestão macro (sistema) e o micro (escola), em vista do que se adotam esforços de descentralização, apenas nominais,

---

9. Somos de parecer de que tal fato ocorre por múltiplas razões inter-relacionadas entre si. Porém, tendo em vista o papel dos gestores na determinação dos rumos educacionais, destacamos que os fatos são favorecidos, em grande parte, quando falta aos gestores de sistema a formação abrangente e estratégica necessária para a atuação em âmbito macro, que demanda, dentre outros aspectos, visão sistêmica, de conjunto e de futuro.

acompanhados de medidas fortemente centralizadoras, garantidoras da manutenção de uma postura de controle e cobrança. Mediante tais práticas, são descentralizadas condições para a autonomia da escola, sem o devido entendimento e aceitação das implicações relacionadas às práticas correspondentes, vindo dessa maneira a distanciar-se de critérios de autodeterminação. Dessa forma, descentralizam, centralizando, isto é, dando algo com uma mão, ao mesmo tempo em que tirando outra coisa com outra.

Pode-se concluir que o princípio que adotam não seria o da democratização, mas, talvez, o de maior racionalidade no emprego de recursos e o de maior rapidez na solução dos problemas. Consistiria esse procedimento em um mecanismo de administração, segundo um paradigma não participativo e não de gestão, que pressupõe a participação e construção conjunta. Esse movimento é denominado de desconcentração (e.g. ALVAREZ, 1995; COSTA, 1997) que corresponde aos esforços promovidos pelo Estado para conferir competências que lhe são próprias para regiões ou municípios, de modo que estes sejam capazes de administrar as escolas sob sua dependência. Esse movimento é em geral praticado como uma reforma educacional, vindo, dessa forma, a constituir um "modelo de gestão decretado" (BARROSO et al. 1995), em vista do que assume um caráter jurídico e normativo, guardando, portanto, uma possibilidade de significado centralizador.

Por certas características de descontinuidade e inconsistências, parece estar ocorrendo no Brasil, em geral, um movimento que nem corresponderia à descentralização propriamente dita, que pressuporia o empoderamento local, de forma organizada e articulada com os sistemas de ensino, e nem à desconcentração. Por exemplo, a esse respeito, é interessante apontar que em 2004 o MEC lançou e promoveu no Brasil um programa para fortalecimento específico de Conselhos Escolares, uma das estratégias de promoção da gestão colegiada (em vez de promover o fortalecimento de uma política de promoção de gestão democrática na escola, pela organização de mecanismos de gestão colegiada), desconsiderando as experiências locais de desenvolvimento de práticas de participação na gestão da escola, com outras formas, como, por exemplo, Associação de Pais e Mestres; Associação de Pais, Alunos e Mestres; Associação de Apoio à Escola; Associação Escola-Comunidade; Cooperativa Escolar; Conselho Deliberativo Escolar, dentre outros. Portanto, ainda que bem-intencionadas, tais ações centrais, de certa forma centralizam o que já se encontrava em processo de descentralização e em desenvolvimento de forma autenticamente autônoma, mediante iniciativas locais. Isso porque disseminam um único mecanismo para unificação de esforços e energias locais, que se desenvolviam de maneira diversificada, porém com unidade conceitual e metodológica.

De qualquer modo, como em qualquer outro movimento social, a descentralização é um processo sujeito a contradições. Portanto, as contradições registradas na educação brasileira não invalidam a importância da questão e do movimento, uma vez que apenas evidenciam um aspecto natural do processo, que demanda maior atenção, habilidade e determinação para promovê-lo. É necessário perspicácia e discernimento, a fim de se reconhecer expressões diversas e em níveis variados de manifestação. A desconcentração se constitui em uma dessas manifestações, no conjunto do movimento pela descentralização. Conforme amplamente indicado na literatura (BULLOCK & THOMAS, 1997; MARTINS, 2002) sobre a descentralização, esta se processa simultaneamente com um processo de desconcentração, isto é, enquanto se descentralizam certos aspectos, centralizam-se outros.

A desconcentração, apesar de constituir um avanço, no sentido político e operacional da gestão, apresenta limitações, dentre as quais se destaca o fato de que "não provoca o compartilhamento de poder e nem assunção local de responsabilidades" (MARTINS, 2002: 128). Algumas vezes são descentralizados espaços para a tomada de decisão pelas escolas, cuja cultura não está orientada e nem preparada para fazê-lo adequadamente. Em vista disso, gera-se de forma desassistida na escola uma desestabilização que, por sua vez, promove junto ao nível de gestão do sistema a criação de mecanismos de controle de resultados sobre a escola, evidenciando a manutenção da concepção e viés centralizadores. Criam-se, por exemplo, mecanismos centrais de monitoramento e avaliação da escola e suas ações, como controle *sobre a* escola e seus resultados, sem preocupar-se com a criação, *a partir da* escola, da cultura de monitoramento e avaliação locais, como estratégias importantes de gestão, em todos os níveis de ação. Isto é, os gestores em nível macro realizam apropriação de informações da escola, sem envolvê-la no trato das mesmas.

Este é o caso, por exemplo, do Programa Sistema Nacional de Acompanhamento da Frequência Escolar – Safe, lançado pelo MEC em 2005, pelo qual se objetiva estabelecer o controle da frequência de cada aluno à escola, por via eletrônica, com controle direto pelo Inep, sem passar pelos sistemas municipais e estaduais de ensino, desconsiderando as questões culturais e pedagógicas do controle de frequência, o desenvolvimento de consciência local sobre o valor da frequência à escola e da autorresponsabilidade, condição importantíssima para o desenvolvimento social. Segundo o programa, "todos os alunos da educação básica, incluindo as redes estaduais, municipais e particulares, serão cadastrados, num total aproximado de 55 milhões de alunos. Cada aluno receberá um Número de Identificação Social (NIS). Isso permitirá o acompanhamento individualizado de cada estudante, em qualquer parte do país. As informações serão registradas no Programa Gerador de Cadastro (PGC) e transmitidas para o banco de dados do Inep/MEC" (folder do MEC). O foco do programa assenta-se na centralização de dados no Inep, a partir de mecanismos eletrônicos, tal como numa fábrica, passando por alto sobre as práticas educacionais e motivacionais da frequência escolar, estabelecendo a questão como um mecanismo meramente administrativo e desconsiderando a sua dimensão pedagógica e educacional, cuja gestão seria melhor promovida localmente.

A Figura 02, a seguir apresentada, divulgada pela Diretoria de Estatística da Educação Básica, do Inep, ilustra a intenção de centralização, estabelecendo a relação direta da escola com o Inep, para a coleta de dados sobre a frequência escolar, envolvendo outras organizações apenas nos casos em que as escolas não tenham disponíveis recursos de comunicação eletrônica. Observe-se na figura a desconsideração em relação às secretarias estaduais e municipais de educação como mantenedoras e, portanto, diretamente responsáveis pela gestão da escola e pela qualidade do ensino.

Figura 02 – Programa Sistema Nacional de Acompanhamento da Frequência Escolar – Safe (Inep/MEC)

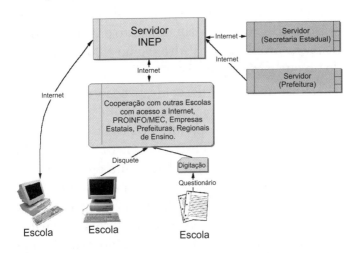

A descentralização do ensino é, por certo, um processo extremamente complexo e, quando se considera o caso do Brasil, a questão se torna mais complexa ainda, por tratar-se de um país continental, com diversidades regionais muito grandes, com distâncias imensas que caracterizam ainda grande dificuldade de comunicação, apesar de vivermos na era da comunicação mundial em tempo real. Acrescente-se ainda o fato de haver enormes diferenças socioculturais estabelecedoras de grandes distâncias de nível de competência e formação, assim como de entendimento sobre a problemática educacional – aliás, esses mesmos fatores, por si sós, justificariam a necessidade e a importância da descentralização e construção da autonomia da gestão escolar. Em vista disso, só se pode pensá-la em termos graduais e processuais, mediante conquistas sucessivas. Cabe aqui aplicar o princípio da participação proposto por Pedro Demo (2001), no sentido de que participação é conquista.

Desse modo, "a descentralização educacional não é um processo homogêneo e praticado com uma única direção. Ela responde à lógica da organização federativa" (PARENTE & LÜCK, 1999: 4) que, no entanto, não se encontra claramente entendida em nosso país, no qual o governo federal absorve e centraliza a maior proporção dos impostos pagos pelos cidadãos, devolvendo-os depois, de forma paternalista e dilapidada por práticas centrais governistas (em vez de estadistas), insensíveis às necessidades regionais e locais e até mesmo às necessidades de desenvolvimento do país.

Como se trata de um processo que se refere à transferência para outros níveis de governo e de gestão, do poder de decisão sobre os seus próprios processos sociais e dispêndio dos recursos necessários para sua efetivação, implica existência ou construção de competência para tanto, daí por que a impossibilidade da homogeneidade apontada. Aliás, a descentralização se justifica, dentre outros aspectos, justamente pela diversidade, cujo aproveitamento e consideração se tornam necessários para a maior efetividade do ensino. A consideração a essa diversidade não deve representar, no entanto, a preconização ao trabalho isolado e fragmentado, em vista do que a descentralização pressupõe o atendimento a princípios gerais estabelecedores da unidade do sistema. Isso porque o papel da autonomia é o de produzir consonâncias e não dissonâncias, não representa perda de vínculos e de unidade pela dispersão, mas sim a interligação pelo exercício da energia construtiva e vital de toda organização.

Em muitos casos se pratica muito mais a desconcentração, do que propriamente a descentralização. Isto é, realiza-se a delegação regulamentada da autoridade, tutelada ainda pelo poder central, mediante o estabelecimento de diretrizes e normas centrais, determinantes, dentre outros aspectos, do controle na prestação de contas e a subordinação administrativa das unidades escolares aos poderes centrais. Cerceiam, dessa forma, a delegação de poderes de autogestão e autodeterminação na gestão dos processos necessários para a realização das políticas educacionais, estas determinadas no centro, sem ouvir a sociedade e com a participação de seus vários segmentos. Destaca-se, no entanto, o fato de que, muitas vezes, intenções claras de descentralização, em sua origem, na sua aplicação não passam de esforços de desconcentração, tendo em vista o hábito arraigado de obediência como forma de transferência de responsabilidade pessoal.

É apontado que a desconcentração seria mais o caso praticado no Brasil, em nome da descentralização, estando, no entanto, se conduzindo para a descentralização, mesmo que ainda de forma inconsistente. Essa tendência é registrada por Parente e Lück (1999: 5), que em seu estudo sobre a descentralização da educação brasileira nas redes estaduais do ensino fundamental identificam que está "ocorrendo na prática educacional brasileira [...] o deslocamento do processo decisório, do centro do sistema, para os níveis executivos mais próximos aos seus usuários, ou seja, a descentralização do governo federal para as instâncias subnacionais, onde a União deixa de executar diretamente programas educacionais e estabelece e reforça suas relações com os estados e os municípios, chegando até ao âmbito da unidade escolar. Da mesma forma, os sistemas estaduais vêm adotando política similar, ou seja, transferem recursos e responsabilidades com a oferta de serviços educacionais tanto para o município quanto diretamente para a escola".

A descentralização é, pois, um processo que se delineia à medida que vai sendo praticado, constituindo-se, portanto, em uma ação dinâmica de implantação de política social, visando estabelecer, conforme indicado por Malpica (1994), mudanças nas relações entre os sistemas centrais e suas escolas, pela redistribuição de poder, passando, em consequência, as ações centrais, de comando e controle, para coordenação e orientação (descentralização política); pela abertura à autodeterminação no estabelecimento de processos e mecanismos de gestão do cotidiano escolar, de seus recursos e de suas relações com a comunidade (descentralização administrativa e financeira). Ainda, conforme apontado por Parente e Lück (1999), conduz a escola à construção de sua identidade institucional, constituída pela formação da capacidade organizacional para elaborar seu projeto educacional (descentralização pedagógica), mediante a gestão compartilhada e a gestão direta de recursos necessários à manutenção do ensino.

Conforme Sander (1995: 67) propõe, "a verdadeira descentralização só ocorre quando o poder de decisão sobre o que é realmente relevante no campo pedagógico e administrativo se instala na escola" e esta é uma condição que demanda o desenvolvimento de competências e capacidades especiais pela escola, no sentido de sua autonomia.

Para ir, portanto, além da desconcentração geográfica, de mudança de localização da tomada de decisão e orientação do ensino, dos centros para as periferias, os movimentos de democratização da gestão educacional devem focalizar a escola e o desenvolvimento de uma cultura democrática efetiva e eficaz, liderada por um processo de gestão escolar orientada pela autonomia, conforme a seguir analisado.

1.3.2. A democratização da escola

Descentralização, democratização da escola, construção da autonomia, participação são facetas múltiplas da gestão democrática, diretamente associadas entre si e que têm a ver com as estruturas e expressões de poder na escola, tal como indicado por Martins (2002). Cabe destacar também que "democratizar é a conquista de poder por quem não o tem" (GHANEN, 1998: 98).

Em vista disso, a proposição da democratização da escola aponta para o estabelecimento de um sistema de relacionamento e de tomada de decisão em que todos tenham a possibilidade de participar e contribuir a partir de seu potencial que, por essa participação, se expande, criando um empoderamento[10] pessoal de todos em conjunto e da instituição.

Como a escola existe para o aluno, iniciamos por analisar a questão da democratização a partir da sua vivência na escola. Via de regra, o que se observa na escola é um ambiente em que o aluno é colocado em uma situação de passividade e de obediência a determinações de professores por entenderem o processo educacional como aquisição de conhecimentos. Com esse procedimento o professor reforça o seu poder de influência sobre o aluno, como um valor

---

10. A questão do poder e do empoderamento a partir da participação é expandida no Vol. III desta Série Cadernos de Gestão, intitulado **A gestão participativa na escola**.

em si, sem contribuir para o empoderamento deste. Perceba-se que nesse caso o que ocorreria é a escola estar a serviço do professor e não do aluno, pois se não ocorrer o seu empoderamento, não ocorreu educação e, sim, domesticação.

Na medida, porém, em que o professor considere que o papel do processo educacional é o de levar o aluno a desenvolver seu potencial, mediante o alargamento e aprofundamento de seus conhecimentos, habilidades e atitudes, de forma associada, passa a envolver o aluno em uma participação ativa, pela qual exercita processos mentais de observação, análise, crítica, classificação, organização, sistematização, dentre outros, e, fazendo perguntas, conjecturando soluções a problemas, sugerindo caminhos, exerce poder sobre o processo educacional e sobre como e o que aprende. Dessa forma, constrói o seu empoderamento. Com essa prática, do ponto de vista do aluno, ocorre a democratização da escola, tanto em relação a seu processo como em relação aos seus resultados, pois o aluno é levado ao sucesso escolar. Cabe destacar que não pode ser considerada como democrática uma escola em que os alunos fracassam, e que não pode ser democrática uma escola que não o é para todos[11].

---

11. Seguindo essa lógica de raciocínio, podemos afirmar que não é democrática a escola onde ocorrem reprovações e sobretudo as reprovações repetidas, pois o que ocorreria é a prática de democracia para uns e não para outros e como democracia é um princípio, se aplica a todos.

A mesma lógica serve para o relacionamento entre professores, funcionários e gestores da escola. Quando o exercício do poder é orientado por valores de caráter amplo e social, como o são os educacionais, estabelece-se um clima de trabalho em que os profissionais passam a atuar como artífices de um resultado comum a alcançar, de que resulta o aumento do poder para todos. Nesse caso, as pessoas trabalham com a maior competência possível, visando a que a escola atinja, da forma mais plena, os seus objetivos sociais e o atendimento das necessidades educacionais ampliadas de seus alunos. Nesse caso, pode-se dizer que o direcionamento do poder é orientado para o exterior ao sistema escolar, isto é, a sociedade. Porém, nesse processo, pelo desenvolvimento da competência e do papel social, todos são empoderados em conjunto.

Como o poder da competência gera novas alternativas para o enfrentamento de desafios, o melhor aproveitamento de oportunidades na superação de dificuldades e criação de novas e mais promissoras perspectivas de ação, ele tende a aumentar gradativamente. Assim, a atuação efetivamente competente dos professores cria uma cultura proativa pela qual se evita o errado comportamento de atribuir ao sistema e a qualquer outra pessoa ou situação a culpa por condições difíceis, em vez de considerá-las como desafios e enfrentá-las com responsabilidade.

A democratização da escola corresponderia, portanto, na realização do trabalho escolar orientado pela realização e desenvolvimento da competência de todos, em conjunto. Mediante essa orientação, dá-se conta de três aspectos apontados nas análises de democratização da escola: a) democratização como ampliação do acesso e sucesso do aluno na escola; b) democratização dos processos pedagógicos; c) democratização dos processos de gestão escolar (HORA, 1994).

1.3.3. A autonomia da gestão escolar

No contexto da atenção sobre a gestão educacional, autonomia constitui-se em um dos conceitos mais mencionados, sendo focalizada nos programas de gestão de sistemas de ensino, como também em programas do Ministério de Educação e Desporto, como condição para a realização de princípio constitucional e da legislação educacional[12], de democratização da gestão escolar. Isto porque a autonomia de gestão da escola, a existência de recursos sob controle local, junto com a liderança pelo diretor e participação da comunidade e a competência pedagógica são

---

12. O Art. 15 da Lei de Diretrizes e Bases da Educação Nacional – Lei 9.394/96 – estabelece que "os sistemas de ensino assegurarão às unidades escolares públicas de educação básica que os integram progressivos graus de autonomia pedagógica e administrativa e de gestão financeira observadas as normas gerais de direito financeiro público".

considerados como pilares sobre os quais se assenta a eficácia escolar.

O conceito de autonomia da escola está relacionado a tendências mundiais de globalização e mudança de paradigma que têm repercussões significativas nas concepções de gestão educacional e nas ações dela decorrentes. Descentralização do poder, democratização do ensino, autogestão, instituição de parcerias, flexibilização de experiências, sistema de cooperativas, multidisciplinaridade são alguns dos conceitos relacionados a essa mudança. Entende-se como fundamental, nesse conjunto de concepções, a mobilização de massa crítica devidamente capacitada, para se promover a transformação e sedimentação de novos referenciais de gestão educacional para que os sistemas de ensino e a escola atendam às novas necessidades de formação social a que cabe à escola responder, conforme anteriormente apontado.

A autonomia da gestão escolar evidencia-se como uma necessidade quando a sociedade pressiona as instituições para que promovam mudanças urgentes e consistentes, em vista do que aqueles responsáveis pelas ações devem, do ponto de vista operacional, tomar decisões rápidas para que as mudanças ocorram no momento certo e da forma mais efetiva, a fim de não se perder o *momentum* de transformação. Também para que se sintam comprometidos com a manutenção dos avanços promovidos por essas mudanças. Mas, acima de tudo, adotando-se uma perspectiva política e formadora, para que se desenvolva o sentido de cidadania e de responsabilidade social de todos, pelos destinos das organizações em que atuam e das quais são usuários.

Tendo em vista a complexidade da questão, torna-se necessário, no entanto, que se reflita sobre o significado de autonomia e de autonomia da gestão escolar e se explore as suas repercussões no âmbito da escola e sobre os processos educacionais, uma vez que concepções diversas e até mesmo conflitantes estão sendo expressas, gerando desentendimento e confusão sobre a questão, de que resultam ações menos eficazes, e até mesmo resultando em grandes desgastes institucionais. Julga-se que se promovendo um melhor entendimento da questão torna-se possível o melhor emprego de esforços de gestão e seus resultados, superando-se a prática do exercício vazio e descomprometido do discurso sobre a autonomia e do seu entendimento como um valor em si mesmo, ou de distorções produzidas em associação a orientações corporativistas, em detrimento aos interesses sociais amplos.

Em muitos programas de sistemas de ensino, a autonomia é entendida, em última instância, como o resultado de transferência financeira: "a autonomia é financeira, ou não existe", conforme afirmou uma dirigente de sistema estadual de ensino. Para muitos diretores de escola, a autonomia corresponde à capacidade de agir independentemente do sistema. A expressão desse entendimento foi observada pela autora em ocasiões diversas em que diretores escolares negavam a autoridade de seu Secretário de Educação sobre várias questões, como, por exemplo, a de convocá-los para reunião na Secretaria de Educação – não compareceriam, sem antes consultar as bases para decidir se deveriam comparecer a essa reunião. Há diretores escolares que até mesmo boicotam orientações centrais e ações de monitoramento e avaliação, mesmo aquelas em que são demonstradas como estratégias importantes para a própria gestão da escola e melhoria de seus processos educacionais.

Em decorrência de tais situações, pode-se depreender a atribuição de conotações nem sempre adequadas à autonomia no âmbito do ensino, em vista do que se torna conveniente analisá-la mais detalhadamente.

> A aproximação entre tomada de decisão e ação não apenas garante a maior adequação das decisões e efetividade das ações correspondentes, como também é condição de formação de sujeitos de seu destino e maturidade social.

2
Mecanismos de construção da autonomia da gestão escolar

Barroso (1996) identifica como mecanismos de construção da autonomia da gestão escolar, no contexto da reforma portuguesa pela autonomia e gestão das escolas, a eleição de diretores, a formação de órgãos colegiados e a descentralização de recursos financeiros. A seguir apresentamos comentários sobre esses aspectos, no contexto brasileiro.

2.1. Órgãos colegiados

Conforme identificado em pesquisa realizada pelo Ipea, das escolas brasileiras estaduais, 37,28% delas à época da pesquisa possuíam Conselho Escolar, 32,69% possuíam Associação de Pais e Mestres, 24,59% possuíam Colegiado Escolar, 18,22% possuíam Caixa Escolar. Além dessas estruturas de gestão, foram registradas mais nove outras, dentre as quais Conselho Deliberativo Escolar, Associação Escola-Comunidade, Congregação, que mantêm entre si papéis muito próximos. Foi identificado que muitas escolas possuíam mais de uma estrutura de gestão colegiada, separando funções entre elas, como por exemplo as administrativas e as do processo pedagógico propriamente dito (PARENTE & LÜCK, 1999). O Conselho Escolar, por exemplo, focalizaria responsabilidades de influência sobre o cotidiano da escola e todas as suas dimensões e a Caixa Escolar focalizaria a gestão financeira.

Um órgão colegiado escolar constitui-se em um mecanismo de gestão da escola que tem por objetivo auxiliar na tomada de decisão em todas as suas áreas de atuação, procurando diferentes meios para se alcançar o objetivo de ajudar o estabelecimento de ensino, em todos os seus aspectos, pela participação de modo interativo de pais, professores e funcionários. Em sua atuação, cabe-lhe resgatar valores e cultura, considerando aspectos socioeconômicos, de modo a contribuir para que os alunos sejam atendidos em suas necessidades educacionais, de forma global.

Entende-se que os membros do órgão colegiado sejam apenas o ponto de partida, para que todos os pais se envolvam com os trabalhos da escola, cabendo aos primeiros buscar os meios para promover esse envolvimento. Seu significado está centrado na maior participação dos pais na vida escolar, como condição fundamental para que a escola esteja integrada na comunidade, assim como a comunidade nela, que se constitui na base para a maior qualidade do ensino.

Esta participação pode ser promovida mediante atividades as mais diversas, conforme sugerido pelos membros dos órgãos, como por exemplo: a) participar da elaboração e acompanhamento do projeto pedagógico da escola; b) envolver-se na realização de atividades pedagógicas da escola; c) participar de círculos de pais, para trocar experiências sobre a educação dos filhos; d) apoiar iniciativas de enriquecimento pedagógico da escola; e) colaborar com ações de parcerias e trabalho voluntário na escola; f) auxiliar na promoção da aproximação entre escola e comunidade; g) participar da gestão de recursos financeiros da escola.

Os cinco quadros a seguir apresentados registram objetivos propostos por pais e professores de escolas municipais de Pinhais-PR, para orientar o seu trabalho como membros do Conselho Escolar de suas escolas. Quatro áreas de atuação foram privilegiadas por eles: ações para o envolvimento da comunidade e dos pais na escola (Quadro 01), ações para o atendimento aos alunos (Quadro 02), ações para a organização da escola (Quadro 03), ações de contribuição para as experiências educacionais e culturais (Quadro 04) e ações para a operacionalização do Conselho Escolar (Quadro 05). Estes quadros sistematizam a contribuição dos membros dos conselhos escolares das escolas daquele município em uma dinâmica de grupo realizada no contexto de uma oficina de integração promovida pela Secretaria Municipal de Educação, mediante a orientação da autora deste livro. Pode-se observar, pela variedade de áreas focalizadas e diversidade de ações propostas, geradas de forma espontânea e em curto período de tempo (30') e sem nenhuma influência externa, a maturidade dos membros dos conselhos escolares envolvidos.

Quadro 01 – Ações para o envolvimento dos pais e da comunidade na escola

Quanto à relação escola-comunidade

1) Garantir livre acesso da comunidade à escola, a partir de criação de espaços de atuação e participação.

2) Promover melhor convívio entre escola e comunidade.

3) Mobilizar a comunidade para participar de um movimento pela melhoria da qualidade do ensino e aprendizagem dos seus alunos, conscientizando-a da importância efetiva de sua participação na escola.

4) Promover a quebra de gelo na relação entre funcionários e comunidade.

5) Promover a integração entre escolas, realizando atividades de intercâmbio como campeonatos e atividades diversas.

6) Unir o grupo da 3ª idade com as crianças para resgate de artesanato, histórias locais e experiências de vida, dentre outras atividades.

7) Abrir a escola para a comunidade, tornando-a um centro de integração comunitária.

Quanto à participação das mães

1) Criar clube de mães para que participem de projetos como: trabalhos manuais, pintura, confecção de cestos de jornais, bordados, etc.

2) Integrar as mães à escola através de atividades diversas.

3) Promover atividades em que mães atuem junto com alunos em sala de aula, para esclarecer questões sobre drogas, sexualidade, saúde, etc.

Quanto à conscientização dos pais a respeito do seu papel e da importância da educação

1) Ampliar a visão dos pais em geral quanto à importância da sua participação junto a escola.

2) Mostrar aos pais a importância do órgão colegiado escolar como representante geral de toda a comunidade.

3) Apresentar o Conselho para todos os outros pais em reuniões específicas.

4) Conscientizar os pais da importância de estarem presentes na vida escolar de seu filho.

5) Parabenizar os pais pelas realizações de seus filhos.

6) Analisar com os pais o uso do uniforme, a sua importância e as condições que o seu uso oferece na educação de seus filhos.

Fonte: Cedhap, Oficina de capacitação, trabalho em grupo – Semec. Pinhais, PR, 2001.

Destacando aspectos gerais do envolvimento dos pais e da comunidade, os membros dos conselhos escolares destacaram ações quanto à relação escola-comunidade, a participação das mães e a conscientização dos pais a respeito de seu papel na educação dos filhos e da importância da educação, conforme especificado no Quadro 01. Já o Quadro 02 destaca ações sobre o atendimento aos alunos, destaca ações de apoio direto aos alunos em geral, atuação com alunos com dificuldades especiais, promoção da segurança dos alunos.

Quadro 02 – Ações para o atendimento aos alunos

Quanto ao apoio direto aos alunos em geral

1) Envolver os alunos em trabalho voluntário que tenha relação com caridade, solidariedade, virtude (relação entre pessoas), atuação ecológica.

2) Atuar na sala de aula debatendo junto com alunos temas diversos.

3) Colocar caixas de sugestão dentro de cada sala, para que os alunos escrevam e depositem suas dúvidas, sugestões, perguntas e preferências para serem conhecidas e respondidas pelo órgão colegiado escolar.

4) Realizar palestras sobre como educar os filhos e sobre o significado, a importância e os desdobramentos da educação.

Quanto à atuação com os alunos com dificuldades especiais

1) Estar em contato direto com as famílias das crianças consideradas "problemáticas" para descobrir as causas da sua situação, para poder auxiliá-las dentro do ambiente escolar.

2) Visitar as famílias carentes e de alunos faltosos com o objetivo de ajudar, para que eles não faltem à escola e tenham melhor atendimento.

3) Resgatar os alunos que se evadiram da escola, buscando soluções através do histórico da família, para que isto não mais aconteça.

Quanto à promoção da segurança dos alunos

1) Buscar meios que ampliem a segurança dos alunos que se deslocam sozinhos da e para a escola.

2) Estabelecer interação do Conselho Escolar com a Ação Social para o atendimento de casos especiais.

Fonte: Cedhap, Oficina de capacitação, trabalho em grupo – Semec. Pinhais, PR, 2001.

O Quadro 03, a seguir, que integra ações voltadas para a organização da escola, destaca ações voltadas para a manutenção da escola e realização de atividades diversas, a gestão da escola e o seu processo de comunicação.

Quadro 03 – Ações para a organização da escola

Quanto à manutenção da escola e realização de atividades diversas

1) Zelar pela escola e seus materiais, contribuindo para a sua manutenção em bom estado de funcionamento e sua recuperação quando necessário.

2) Arrecadar verbas e fazer campanhas de arrecadação de alimentos, livros, materiais pedagógicos, etc.

3) Envolver a participação dos pais na confecção de materiais para o apoio das atividades da escola.

4) Participar da orientação do recreio escolar, de modo que seja mais educativo.

5) Colaborar na confecção de merenda escolar e na sua distribuição.

6) Colaborar na entrada e saída dos alunos da escola.

Quanto à gestão da escola

1) Abrir a gestão da escola à participação de todos.

2) Promover a participação e a integração maior de todos nos processos de tomada de decisão da escola.

3) Confeccionar agenda escolar, com recursos da comunidade, para organizar o trabalho dos alunos e manter as famílias informadas sobre as atividades principais da escola.

4) Estabelecer metas de resultado para cada semestre e acompanhar a sua realização.

5) Realizar levantamentos periódicos das dificuldades que devem ser superadas.

Quanto ao processo de comunicação

1) Manter os pais informados sobre o que acontece na escola.

2) Divulgar para a comunidade, por meios diversos, as atividades da escola e do Conselho.

3) Manter um informativo semestral a ser fornecido para os pais, informando e esclarecendo assuntos de interesses comuns com relação à escola e rendimento escolar dos alunos.

4) Divulgar na comunidade e para os pais, a qualidade do trabalho realizado na escola e seus resultados.

Fonte: Cedhap, Oficina de capacitação, trabalho em grupo – Semec. Pinhais, PR, 2001.

O Quadro 04 a seguir integra proposições dos participantes dos conselhos escolares a respeito da contribuição para as experiências educacionais, incluindo ações para o enriquecimento do currículo escolar e para a realização de atividades sociais e culturais.

Quadro 04 – Ações para o enriquecimento das experiências educacionais

Quanto ao enriquecimento do currículo escolar

1) Promover eventos, trabalhos extraclasse e passeios educativos, participando deles, como forma de enriquecimento das experiências educacionais dos alunos.

2) Contar histórias para os alunos, para desenvolver o gosto pela leitura.

3) Realizar atividades desportivas para os alunos, como vôlei e basquete.

4) Promover a realização de palestra pelos pais, para os alunos, para discutir valores, conhecer a história local e alargar seus horizontes.

5) Convidar profissionais para realizarem palestras para alunos e pais sobre temas diversos.

Quanto à realização de atividades sociais e culturais

1) Promover a realização de palestras sobre assuntos importantes para a comunidade.

2) Promover e participar de festas e pequenos eventos, entre outros.

3) Realizar gincanas, torneios, festa junina, da primavera, promover almoço com bingo e gincana em comemoração dos dias das mães e dos pais.

> 4) Colaborar com pratos típicos na Feira das Nações, aproximando ainda mais a comunidade com a escola.
> 5) Promover concursos de histórias, contos e poesia para pais.
> 6) Promover a formação de um grupo de teatro.
> 7) Promover a realização de tardes de lazer.
> 8) Resgatar brincadeirinhas antigas e folclóricas, como estratégias de integração.

Fonte: Cedhap, Oficina de capacitação, trabalho em grupo – Semec. Pinhais, PR, 2001.

As proposições dos participantes dos conselhos escolares de Pinhais apresentaram ainda proposições de ação voltadas para a operacionalização dos conselhos.

Quadro 05 – Ações para a operacionalização do Conselho Escolar

> 1) Realizar reuniões em horários mais adequados para a participação de todos.
> 2) Entregar o estatuto escolar para cada membro do Conselho, para que tomem conhecimento de como funciona uma escola.
> 3) Planejar as atividades de cada semestre, traçando objetivos e metas, visando melhores resultados.
> 4) Realizar encontro com a comunidade escolar para buscar soluções para os problemas encontrados.

5) Promover a campanha da arrecadação de jornais, papéis, bolas, etc., que serão vendidos a fim de reverter em benfeitorias para a escola.

6) Fazer pesquisa com os pais através de um questionário com a finalidade de encontrar sugestões para a melhoria da escola.

7) Realizar trocas de informativos entre os vários conselhos escolares para conhecer diferentes experiências.

8) Realizar reuniões mais frequentes do conselho e em caráter sistemático.

9) Realizar campanhas de conservação do meio ambiente com arrecadação de materiais recicláveis.

Fonte: Cedhap, Oficina de capacitação, trabalho em grupo – Semec. Pinhais, PR, 2002.

Apesar do grande movimento que ocorre no Brasil para a constituição e promoção de órgãos colegiados atuantes, destaca-se ainda a força de sua origem, segundo a qual grande parte dos órgãos colegiados passou a existir muito mais orientados para a gestão das questões financeiras, conforme se pode depreender a seguir, do que como órgãos para realizar a autêntica gestão colegiada da escola, em todas as suas dimensões. Pode-se afirmar que essa prática expressa a tendência de nossas escolas de se orientarem pela letra das determinações legais e a reboque delas, deixando de lado as possibilidades abertas de construção e expansão de suas experiências, no sentido da autonomia.

2.2. Eleição de diretores

O movimento de descentralização e construção da autonomia da gestão escolar passou, no Brasil, pela adoção de mecanismos diferenciados de provimento do cargo de diretor da escola, como alternativa aos mecanismos tradicionais de indicação de diretores por políticos, filtrada e definida pelos órgãos centrais, no Gabinete do Secretário de Educação. Assim é que "a escolha do diretor escolar pela via da eleição direta e com a participação da comunidade vem se constituindo e se ampliando como mecanismo de seleção diretamente ligado à democratização da educação e da escola pública, visando assegurar, também, a participação das famílias no processo de gestão da educação de seus filhos" (PARENTE & LÜCK, 1999: 37).

A realização de eleição de diretores teve início na década de 80, por iniciativa dos primeiros governos estaduais eleitos, após o fim do governo pelo regime militar, como parte de redemocratização do país. Em 1998, a eleição direta de diretores escolares por sua comunidade era praticada em 17 estados brasileiros (PARENTE & LÜCK, 1999). Não há, no entanto, resultados gerais e consistentes que demonstrem a efetividade desses mecanismos na prática de gestão democrática e construção da autonomia da gestão escolar. Há registros de situações as mais variadas, como por exemplo: a intensificação do autoritarismo por diretores eleitos; o esgarçamento da unidade de orientação pedagógica, em face da formação de grupos de disputa; ou o enfraquecimento do trabalho pedagógico, tendo em vista o enfraquecimento da organização, coordenação e controle, além, é claro, da intensificação de experiências de maior participação da comunidade no debate das questões de gestão da escola.

Cabe lembrar que não é a eleição em si, como evento, que democratiza, mas sim o que ela representaria, como parte de um processo participativo global, no qual ela corresponderia apenas a um momento de culminância num processo construtivo e significativo para a escola. Ao se promover a eleição de dirigentes estar-se-ia delineando uma proposta de escola, um estilo de gestão e se firmando compromissos coletivos para levá-los a efeito de forma efetiva. Lamentavelmente, no entanto, esse entendimento não se tem manifestado no geral das escolas, como em geral não se manifesta em nossa prática de escolha de nossos dirigentes e legisladores, em relação aos quais assumimos uma atitude passiva e destituída de esforços de acompanhamento de seu trabalho. Falamos "deles", "os políticos", como se fossem seres com vida própria, esquecendo-nos de nossa contribuição ou omissão em elegê-los e de nossa motivação em fazê-lo.

Observou-se que, tendo sido decidido pelo Judiciário sobre a inconstitucionalidade da realização de eleição para o provimento do cargo de diretores, assim como pela falta de demonstração por este mecanismo, de que contribua para a melhoria do ensino, por um período, veio a ocorrer uma retração na expansão dessa prática. Paralelamente ocorreu, em associação, o fortalecimento de uma tendência a, sem perder de vista os esforços pela democratização da escola e sua gestão, promover critérios de seleção de diretores que passassem pela demonstração de competências para o exercício desse trabalho (critérios técnicos) – este é o caso de sete (7) estados brasileiros, conforme identificado em pesquisa de mapeamento (PARENTE & LÜCK, 1999). A adoção desses critérios estaria em acordo com a necessidade de a escola, para se tornar efetivamente autônoma, ser dirigida com competência e demonstrar sua efetividade. Aliás, tem-se evidenciado na literatura o reconhecimento da importância da competência profissional específica em gestão como um critério fundamental para o bom desempenho das funções de gestão escolar.

Cabe indicar que, em seu sentido pleno, a eleição em si não deveria representar única e exclusivamente o entendimento da eleição de pessoas, mas sim de definição de um ideário social-democrático para a construção de instituições e prestação de serviços sociais em atendimento a planos de desenvolvimento organizacional e social amplos. Seriam, nesse caso, eleitas as pessoas que melhores condições e competências tivessem de promover a realização desse ideário e de manter os membros da comunidade escolar mobilizados para a sua realização.

Paro (1996: 130), ao estudar a eleição de diretores como um importante mecanismo de democratização da escola, aponta a ocorrência de interpretações que limitam o papel do diretor eleito à dimensão representativa e de reivindicação: "Seu papel é apenas o de contribuir para que a população possa contar com um recurso que lhe possibilite exercer alguma pressão sobre o Estado para que ele atue na direção desejada. Em síntese, a razão determinante de optar pela eleição como mecanismo de seleção de diretores é a crença de que, por um lado, pode-se escolher alguém que se articula com os interesses da escola e, por outro, o próprio método de escolha condiciona, em certa medida, seu compromisso, não com o Estado, como fazem as opções de concurso e da nomeação, mas com os servidores e usuários da escola".

Ora, tais expectativas e orientações demonstram um desvirtuamento do sentido da educação e do seu trabalho, assim como uma noção de Estado como um ente acima de todos e da sociedade contra o qual se deve estabelecer um regime de luta e não de colaboração para construir mais efetivamente a sociedade, cujos ideais representaria. Vale lembrar que tanto o Estado como a escola existem como instituições a serviço da sociedade, visando a promoção de seu desenvolvimento. Em vista disso, governantes e dirigentes de escolas se dispõem, ao aceitarem as funções de liderança à frente dessas instituições, trabalhar pelo bem comum da sociedade – no caso da escola, pela qualidade do ensino, motivando e orientando servidores e usuários para tais realizações superando interesses corporativistas e individualistas.

2.3. Descentralização de recursos financeiros

A autonomia da gestão da escola tem sido facilitada por ações dos sistemas de ensino no sentido de repassar para a escola recursos que lhes permitam atender às necessidades de seu cotidiano. Trata-se de recursos para cobertura de despesas de pronto pagamento e manutenção. Para garantir à escola o recebimento e a gestão desses recursos financeiros, o Ministério de Educação orientou a organização de estruturas de gestão colegiada, pelos estabelecimentos de ensino, de modo que pudessem sistematizar e ordenar a formação de mecanismos de gestão financeira, denominando-os genericamente como Unidade Executora.

A responsabilidade precípua dessa Unidade seria a de receber, executar e gerir recursos financeiros da unidade escolar:

> A Unidade Executora é uma denominação genérica, adotada para referir-se às diversas nomenclaturas, encontradas em todo território nacional, para designar entidade de direito privado, sem fins lucrativos, vinculados à escola, tendo como

> objetivo a gestão dos recursos financeiros, transferidos para a manutenção e desenvolvimento do ensino. Não importa qual a denominação que a unidade escolar Comunidade escolha para a Unidade Executora, seja ela Associação, Caixa Escolar, Círculo de Pais e outras (In: PARENTE & LÜCK, 1999: 13).

Mediante a existência dessa unidade, a escola estaria apta a receber, diretamente do MEC (Dinheiro Direto na Escola) ou de outras fontes, recursos financeiros para suas necessidades cotidianas. Tendo em vista que Estados também deram início à realização de programas de transferência de recursos para as escolas, com o mesmo fim, essas unidades gestoras foram por eles incentivadas e passaram a ter existência em quase todas as escolas. Porém, verificou-se que essas passaram a desconsiderar outras dimensões mais fundamentais da gestão escolar, em vista do que este espaço aberto para a construção da autonomia da gestão escolar não foi devidamente ocupado, com sérios prejuízos para a qualidade do ensino[13]. Conforme Parente e Lück (1999)

---

13. É bom lembrar que a Lei de Diretrizes e Bases da Educação Nacional, LDB 5.692/71, estabeleceu uma abertura para as escolas definirem o seu currículo, levando em conta o seu contexto sócio-econômico-cultural e as necessidades dos seus alunos. Verificou-se, na ocasião, no entanto, a adoção de práticas, por parte das escolas, de copiar currículo de outras, assim como da compra de

apontam, é fundamental lembrar que os órgãos colegiados existem na escola como mecanismo de democratização pela gestão colegiada de todas as dimensões do processo pedagógico, em que "...o princípio básico é a busca da promoção da autonomia da escola e participação da comunidade, em todas as suas dimensões: pedagógica, administrativa e financeira" (In: PARENTE & LÜCK, 1999: 13).

De modo geral, os recursos financeiros de que a escola dispõe para sua manutenção e custeio são os: a) repassados para a escola oriundos do governo federal (Dinheiro Direto na Escola – PDDE); b) conforme a mantenedora, os oriundos do governo estadual ou do municipal; c) os recursos arrecadados pela própria escola (recursos próprios), mediante ação de sua Unidade Executora, como resultado de contribuição comunitária, convênios ou outras formas de arrecadação.

Os recursos repassados pelo governo, seja qual for o seu nível, são sujeitos a prestação de contas ao Tribu-

serviços de profissionais externos à escola, para elaborar esse currículo. Essa situação se assemelha ao fenômeno mais recente, relacionado à elaboração do projeto pedagógico da escola, considerado muitas vezes muito mais como uma exigência legal a ser cumprida, do que como uma inspiração ao exercício de sua própria identidade educacional. Em tais circunstâncias, cabe lembrar o indicado por Ubaldi (1986), no sentido de que bem poucos demonstram ter autonomia de pensamento ou ter vontade de exercê-la, pois desse exercício resulta uma responsabilidade.

nal de Contas, de acordo com a legislação. Um exemplo de determinações gerais a respeito de como gastar e como prestar contas do dinheiro recebido é apresentado a seguir no Quadro 06, que apresenta as determinações do Estado da Bahia (Secretaria da Educação e Cultura da Bahia, 2000). Essas determinações são apresentadas no termo de compromisso do diretor e vice-diretor das escolas estaduais. Por meio dessas determinações, são estabelecidas as possibilidades e limitações das ações de gestores educacionais na gestão de seus recursos financeiros.

Quadro 06 – Gestão financeira nas escolas estaduais da Bahia

4.1. O Secretário de Educação estabelecerá normas pertinentes à gestão de recursos financeiros dos estabelecimentos de ensino, cabendo ao dirigente escolar velar pelo cumprimento destas.

4.2. Independentemente de autorização prévia, o dirigente poderá realizar todas as despesas relacionadas à manutenção e desenvolvimento do ensino, inclusive a aquisição de móveis e equipamentos, bem como realizar obras de pequeno e médio portes, excetuando-se despesas relativas a grandes reformas e contratação de pessoal para o quadro permanente, respeitando o orçamento do estabelecimento de ensino e a previsão da mesma despesa no PDE.

4.3. A Unidade Escolar não poderá contrair dívidas de qualquer natureza que ultrapassem os recursos financeiros alocados pela Secretaria da Educação ou por ela gerados ou que não tenham sido previstos no PDE.

> 4.4. O dirigente escolar será responsável pelo pagamento de quaisquer despesas por ele autorizadas ou pelas quais seja responsável, em virtude de delegação da Secretaria da Educação.
>
> 4.5. Constitui motivo para perda do cargo em comissão a não-prestação de contas no prazo devido e a aplicação irregular dos recursos recebidos.
>
> 4.6. O dirigente escolar, ouvido o Colegiado Escolar, poderá gerar recursos no âmbito do estabelecimento de ensino, através de contribuições voluntárias, sendo vedada a colaboração de taxas a qualquer título.

Fonte: Secretaria da Educação e Cultura da Bahia, 2000.

Verifica-se, a respeito dos três mecanismos apresentados, que escolas criaram unidades colegiadas, elegeram seus diretores, receberam dinheiro para cobrir seus gastos cotidianos e nem por isso converteram-se em autônomas, no sentido de se tornarem mais competentes na gestão de seu cotidiano voltado para o desenvolvimento institucional, para o desenvolvimento de seu projeto pedagógico e, em última instância, para a formação e aprendizagem de seus alunos. Tal fato evidencia que esses mecanismos são apenas aspectos que facilitam e oportunizam a prática autônoma, mas não a garantem, uma vez que esta depende de condições e disposições psicossociais e de competência dos participantes. Para promovê-la, por conseguinte, é necessário vontade política das bases de assumir, de forma efetiva, as responsabilidades correspondentes ao seu trabalho; e aos órgãos superiores é necessária a disposição para apoiar e sustentar essas ações, orientando-se, em suas ações, pelos mesmos princípios.

Muitas escolas se queixam de não terem espaço ou não se considerarem à vontade para tomar decisões e agir autonomamente para resolver seus problemas e promover o seu desenvolvimento. Por outro lado, em muitos sistemas de ensino, os esforços no sentido de descentralização e construção da autonomia de gestão escolar encontram fortes expressões de resistência e desconfiança. Entre as duas faces da moeda reside uma excelente e rica oportunidade de desenvolvimento democrático.

É importante ressaltar que autonomia não se constrói com normas e regulamentos limitados a aspectos operacionais e sim com princípios e estratégias democráticos e participativos. Quando tudo, em seus mínimos detalhes, é regulado e normatizado, cerceia-se o espaço da iniciativa, da criatividade e do discernimento necessários para o atendimento da dinâmica social que o processo educacional envolve, criando-se, dessa forma, o colapso da sua qualidade e efetividade. Por outro lado, quando nada é regulado e normatizado, cria-se um espaço de ativação desorientada, corporativista e individualista, a partir do que a escola passa a viçar presa a seus vícios.

Portanto, apesar da aceitação e até mesmo do grande pleito pela abertura para a construção da autonomia da gestão escolar, surge no seu contexto uma contradição natural em todo processo social: de um lado, manifesta-se na escola o desejo de ser autônoma e, de outro, o receio de assumir responsabilidades; a necessidade de assumir seus próprios destinos e responsabilidade sobre seus atos, paralelamente ao medo de que o governo a deixe sozinha para fazê-lo; o reconhecimento da importância de abrir a escola para a comunidade, em associação ao temor de perder controle sobre os seus processos, de ser colocada de lado.

Por conseguinte, a prática da autonomia demanda, por parte dos gestores da escola e de sua comunidade, um amadurecimento caracterizado pela confiança recíproca, pela abertura, pela transparência e pela transcendência de vontades e interesses setorizados ou pessoais, em nome de um valor maior que é a educação de qualidade para os alunos. Destaca-se, portanto, que a autonomia só é legítima quando exercida em favor da melhoria da qualidade do ensino, voltada para o atendimento às necessidades educacionais de seus alunos, numa autêntica atuação de caráter social. Tal prática vence os medos e receios e cria gradualmente um espírito de equipe e reforço ao trabalho colaborativo. As escolas que se iniciam nesse processo tomam iniciativas e constroem gradualmente sua autonomia.

A partir dos casos premiados pelo Prêmio Nacional de Referência em Gestão Escolar, instituído em 1998 pelo Consed, tem-se identificado, desde o primeiro ano de sua atuação, a existência de esforços realizados nas escolas públicas brasileiras, no sentido de, pela gestão compartilhada, pela busca criativa de resolução de problemas e realização dos propósitos educacionais da escola, assim como pelo desenvolvimento do seu projeto pedagógico, que a construção da autonomia da gestão escolar é um processo em desenvolvimento nas escolas brasileiras e que a qualidade do ensino está em íntima relação com esse processo. Muitos desses esforços ocorrem por iniciativa da escola que, muitas vezes, supera-se no esforço de fazer frente às condições deficitárias que enfrentam, por descuido ou falta de competência da gestão dos sistemas de ensino a que pertencem. Há casos, porém, que correspondem à capacidade da escola de assumir os espaços e as orientações, criados pelas secretarias de Educação, mediante programa de descentralização da autonomia da gestão escolar. Esses avanços estão em acordo com o que pesquisas internacionais têm revelado a respeito de escolas eficazes: que elas "apresentam como indicadores constantes o alargamento da responsabilidade por parte da escola, a participação da comunidade escolar no funcionamento da escola e a existência inequívoca de uma liderança pedagógica exercida no grupo" (OCDE, 1994. In: ALVAREZ, 1995).

3
Desdobramentos e aspectos da prática e construção da autonomia da gestão escolar

A autonomia consiste em um conceito complexo, com múltiplas nuances e significados, quase tantos quantos esforços existem em vivenciá-lo e interpretá-lo. Algumas vezes, porém, no âmbito de sistemas de ensino e respectivas escolas, ele é muito mais uma prática de discurso, uma intenção, uma proposta ou um desejo, do que uma prática concreta manifestada em ações objetivas, visando a transformação evolutiva de práticas sociais. Outras vezes é apenas um conceito utilizado com o fim de escamotear a falta de intenção em agir e omissão, questionando determinações centrais, por mais legítimas que possam ser. Uma vez que a partir desse conceito são organizados programas que influenciam, explicam e legitimam ações de repercussão social muito grande, e considerando a tendência disseminada e aceita entre sistemas de ensino e escolas, da autonomia como um valor, torna-se evidente a necessidade de entender melhor esse conceito, suas expressões, respectivos significados e implicações.

Como ponto de partida na construção desse entendimento, recorremos ao *Dicionário da Língua Portuguesa*, apesar da limitação dos conceitos apresentados pelos dicionários da língua corrente, uma vez que apontam apenas o sentido corriqueiro do termo, é válido destacar que muitos deles apresentam indicadores básicos sobre o aspecto que enfocam. No *Dicionário Aurélio da Língua Portuguesa* encontramos o registro de que autonomia "é a capacidade de resolver os próprios problemas". Esse entendimento aponta para alguns desdobramentos que vale a pena destacar: a) assenta-se sobre uma capacidade ou competência; b) envolve a resolução de problemas; c) implica uma iniciativa própria em fazê-lo.

Como um conceito que corresponde a situações complexas e de múltiplas facetas, como é o caso da gestão escolar, a sua explicação envolve articulações maiores e mais complexas que apenas as compreensões correntes do senso comum apontadas no dicionário. Apesar disso, no entanto, o conceito apresentado pelo dicionário é bastante elucidativo no sentido de apontar para o entendimento de que é autônoma a pessoa ou a instituição capaz de assumir responsabilidades por suas ações, seu dia-a-dia e suas necessidades, a partir de iniciativas bem fundamentadas e orientadas.

Cabe, porém, articular, de modo especial, o significado da autonomia no contexto da gestão escolar para explicar um processo que se pretende estabelecer na escola e com repercussões profundas em seu modo de ser e de fazer. Mais do que conceituar é importante explicar seu significado, tendo como foco o exame do que se pretende promover no estabelecimento de ensino, que identidade essa instituição deve ter e que tipo de relação deva existir entre a mesma, sua comunidade e os órgãos centrais de organização do sistema de ensino, dentre outros aspectos.

Entende-se que autonomia, no contexto da educação, consiste na ampliação do espaço de decisão, voltada para o fortalecimento da escola e melhoria da qualidade do ensino que oferece, e da aprendizagem que promove pelo desenvolvimento de sujeitos ativos e participativos. Autonomia de gestão escolar é a característica de um processo de gestão que se expressa, quando se assume, com competência, a responsabilidade social de promover a formação de crianças, jovens e adultos, adequada às demandas de vida em uma sociedade em desenvolvimento, mediante aprendizagens significativas, a partir de decisões consistentes e coerentes, pelos agentes, levando em consideração, objetivamente, as condições e necessidades expressas desses jovens e crianças, devidamente compreendidas, no contexto de sua sociedade.

A autonomia não se resume, portanto, à questão financeira, nem é mais significativa nessa dimensão, embora o seja frequentemente apontado[14]. Diríamos, portanto, que é sim na dimensão política, associada com a técnica, que se torna mais significativa, isto é, no que se refere à capacidade de tomar decisões acertadas e influenciar positivamente o ambiente educacional e o desempenho das pessoas nele atuantes, pelo emprego do talento coletivamente organizado e os recursos disponíveis, para a resolução dos problemas educacionais. Entendemos que todos os problemas relacionados à educação são problemas da coletividade, não são problemas exclusivamente do governo como entidade superior e separada da sociedade. Como tal, portanto, a autonomia emerge como uma orientação política importante.

Dada a complexidade e a dinâmica da educação, a sua efetivação envolve vários níveis e segmentos de ação e decisão, todos interligados e interinfluentes. Em consequência, as soluções para os mesmos devem ser buscadas em conjunto, levando em conta a reflexão coletiva sobre a realidade e a necessidade de negociação e convencimento tanto local quan-

---

14. Afirma-se frequentemente que a alocação de recursos é que indica a vontade política de governos. Não se nega esse fato. Porém, somos de parecer que não é a possibilidade de se decidir como gastar uma mesada que se caracteriza em autonomia, mas sim a capacidade de fazê-lo de forma responsável e competente. Vale dizer que ao investimento financeiro deve estar associado igual investimento de energia, liderança e competência, sem o que o dispêndio de recursos em nada resulta.

to central para sua efetivação, o que só pode ser praticado mediante a abertura de espaço caracterizado pelo espírito da autonomia. Cabe lembrar aqui que tomada de decisão, antes e acima de tudo, corresponde ao estabelecimento de um firme e resoluto compromisso de ação, sem o qual o que se necessita e espera não se converte em mudanças significativas. Portanto, não corresponde a uma formalização de intenções ou de expectativas, ou ainda de proposições a serem executadas ou atendidas por outros (LÜCK, 1999), mas sim implica em determinações que se assumem como compromisso de transformação da própria realidade.

Só se desenvolve ou se pratica a autonomia quando se decide assumindo um compromisso pela efetivação do objeto da decisão e a responsabilidade pelos resultados produzidos pelas ações promovidas nesse sentido. Por outro lado, é necessário, por parte dos sistemas educacionais, que preconizam a autonomia da gestão escolar, decretam a eleição de diretor, concedem as verbas para a gestão escolar, que também deixem de cercear a manifestação dessa autonomia, definindo para os estabelecimentos de ensino, normas e regulamentos sobre questões operacionais, que deveriam ser por eles mesmos definidos. Parece que, ao fazê-lo, expressam, de um lado, um receio de perder o controle sobre a escola e ter limitado seu papel de influência sobre ela, e de outro, uma falta de visão de conjunto e de longo prazo sobre a educação, assim como do próprio significado de poder. Em suma, a autonomia, para ser efetiva, necessita ser fundamentada em uma concepção democrática clara e sólida, compartilhada em todos os níveis de gestão.

3.1. Significados e aspectos básicos da autonomia da gestão escolar

A questão da autonomia é complexa, dinâmica e envolve situações submetidas à controvérsia, crítica e restrições, apesar de ser considerada como uma necessidade para o desenvolvimento de pessoas e de instituições. Conforme afirmado por Karling (1997), ela tem por princípio o atendimento da necessidade e orientação humana de liberdade e de independência, que lhe garantem espaços e oportunidades para a iniciativa e a criatividade, que são impulsionadoras do desenvolvimento.

Como uma questão complexa, cabe pontuar, de forma a tornar mais claros os seus desdobramentos, significados e aspectos a ela relacionados, tendo em vista que a partir desse entendimento as pessoas se orientam na realidade que vivenciam.

Autonomia é processo

Autonomia é característica de um processo social de realização cotidiana, que se expressa mediante iniciativas coletivas, orientadas para a resolução dos problemas afetos à escola e sua capacidade de oferecer educação de qualidade para seus alunos. Portanto, não é uma entidade delegada e sim um processo construído no dia-a-dia, a partir do entendimento e decisão dos participantes da escola sobre o seu modo de ser e de fazer.

Autonomia é um processo contraditório

Como processo social de construção compartilhada, a autonomia envolve pessoas com interesses vários, assim como múltiplos fatores dicotômicos interatuantes, de que resulta uma certa tensão e até mesmo situações de conflito. Portanto, não pode deixar de ser um processo contraditório, demandando do gestor habilidades especiais.

Como consequência, não se implanta autonomia e gestão democrática por decreto. A prática democrática e participativa para a construção da autonomia da escola é um aprendizado constante, caracterizado por movimentos mais ou menos tensos, cujo encaminhamento positivo se dá na medida do enfrentamento tranquilo e com discernimento a essas situações.

Autonomia se orienta por princípios

Como um processo social, a autonomia está sujeita a naturais ambiguidades, contradições e conflitos que emergem da sua dinâmica com expressões específicas e peculiares em cada situação. Para orientá-la, portanto, são necessários princípios sociais e institucionais com foco nos resultados educacionais. Normas e regulamentos são necessários, desde que estabeleçam condições de funcionamento que não cerceiem a criatividade, a iniciativa e a dinâmica da ação coletiva – do contrário, tornam-se inócuos e até mesmo contraproducentes, por limitarem a participação.

Os princípios constituem-se em códigos sociais amplos, que servem de guia para a ação em toda e qualquer situação e para todo e qualquer desdobramento.

Autonomia é ampliação do processo decisório

Ao se construir a autonomia da gestão escolar, amplia-se, até mesmo para fora da escola, o poder de decisão sobre o seu trabalho. Esse processo de decisão torna-se, desse modo, mais amplo e complexo, levando em consideração múltiplos aspectos. É pelo envolvimento no processo de decisão que as pessoas assumem como responsabilidade própria a implementação de ações determinadas e a realização dos resultados pretendidos. Assim, os Conselhos Escolares e Associações de Pais e Mestres, como também Círculos de Parceiros, dentre outras unidades de gestão colegiada, constituem-se em espaços de tomada de decisão, que envolvem os pais e a comunidade na análise e discussão dos problemas educacionais da escola e determinação da melhor forma de encaminhá-los.

Autonomia é um processo de dupla mão e de interdependência

Não se constrói a autonomia da escola senão mediante um entendimento recíproco entre dirigentes do sistema de ensino e dirigentes escolares, e entre estes e a comunidade escolar (incluindo os pais) a respeito de que tipo de educação cabe à escola promover e de como todos, em conjunto, vão agir para realizá-lo. Não se trata, portanto, de um processo de repartir responsabilidades, tal como comumente apresentado, mas de desdobrá-las, ampliando-as. Responsabilidades são compartilhadas e não divididas, tendo em vista o princípio da dupla mão e interdependência.

Autonomia e heteronomia se complementam

Autonomia da gestão escolar não significa total e absoluta condição e direito da escola e de seus profissionais de condução de seus próprios destinos, isto é, de agir com total liberdade. Como se afirma comumente, "liberdade sem responsabilidade é libertinagem". Tal situação é irreal na dimensão social, que demanda a interdependência como regra geral para seu bom funcionamento. Por conseguinte, a expressão se vincula à heteronomia, isto é, a determinação externa dos seus destinos e linhas gerais de ação sempre estará legitimamente presente na gestão da escola, tanto pública quanto privada, uma vez que se trata de uma instituição de caráter social, a serviço da sociedade.

A autonomia constitui a mediação entre anomia, que corresponde a total falta de direcionamento, de vontade pessoal e à indiferença em relação aos processos sociais, e heteronomia, que atua em contrapartida à anomia, estabelecendo de fora para dentro e de cima para baixo as determinações para promover a superação dessa falta.

Autonomia implica em responsabilização

Não existe autonomia quando não existe a capacidade de assumir responsabilidades, isto é, de responder por suas ações, de prestar contas de seus atos, de realizar seus compromissos e estar comprometido com eles, enfrentando reveses, dificuldades e desafios inerentes a esse desafio. Consequentemente, a intensidade da autonomia está diretamente relacionada à intensidade dessa responsabilização que, por sua vez, demanda competência, pois é na medida em que as pessoas e instituições assumem responsabilidades com competência que constroem sua autonomia.

Autonomia é expressão de cidadania

Quando a escola propõe-se a promover a cidadania crítica em seus alunos emerge como condição natural da realização desse objetivo a construção de sua autonomia, que se constitui em processo por si só pedagógico. Essa pedagogia se expressa pela elevação da consciência no sentido de que vivendo em um contexto temos em relação a ele direitos que se justificam pelos deveres assumidos, cuja implementação é precondição para a efetivação da autonomia, daí por que ser uma expressão de cidadania.

Autonomia implica gestão compartilhada

Autonomia é um processo coletivo e participativo de compartilhamento de responsabilidades emergentes e gradualmente mais complexas, resultantes do estabelecimento conjunto de decisões. Não se trata de a escola ser autônoma **para** alguém, para algum grupo, mas de ser autônoma **com** todos, desse modo caracterizando-se como gestão democrática e compartilhada.

A gestão democrática e compartilhada implica, portanto, a participação de todos os segmentos da escola na elaboração e execução do plano de desenvolvimento da escola, de forma articulada.

Autonomia é um processo circular de articulação entre os âmbitos macro e micro de gestão educacional

Autonomia é um princípio que se efetiva ao permear-se por todo o sistema de ensino e até mesmo a sociedade. Portanto, não é um processo exclusivamente interno à escola. É por isso que não se realiza autonomia por decreto, nem se delega condições de autonomia. Para ser plena, ela necessita que os âmbitos macro de gestão, que tanta influência exercem sobre a escola, pratiquem a construção da gestão orientada pelos princípios da autonomia, que implica sua responsabilização pelo todo, mediante gestão participativa. Dessa forma, ela se realiza por um processo de interinfluência e reciprocidade entre os âmbitos macro e micro de gestão.

Autonomia se associa com empreendedorismo

A construção da autonomia passa pela atuação empreendedora das pessoas, que se caracteriza pela atuação segundo determinada visão de resultados alcançáveis, manifestada claramente, e com entusiasmo, como orientação de suas ações. O empreendedorismo orienta-se por rapidez e competência no enfrentamento de desafios e na busca de realizações diferenciadas e estabelecedoras de novos patamares de desenvolvimento.

Autonomia corresponde a uma cultura

Embora se possa identificar determinadas ações facilitadoras da construção da autonomia, esta se efetiva, de fato, mediante uma transformação da cultura escolar, isto é, da mudança de seu modo de ser e de fazer, que permeia tudo que se faz na escola. Essa cultura é caracterizada pela iniciativa, entusiasmo, empreendedorismo, responsabilização, orientação para resultados, ética e prestação de contas, que se expressa em tudo que se faz na escola.

Autonomia pressupõe trabalho em equipe e superação da divisão de trabalho

Como processo social coletivo, constituindo um modo de ser e de fazer da escola, isto é, sua cultura, a autonomia pressupõe a superação da divisão do trabalho como um valor em si, pela qual se separa quem decide e quem faz e quem dirige e quem é dirigido, que estabelece uma divisão de poderes. Esta divisão enfraquece a ação e seus resultados, além de reforçar as dimensões de heteronomia. O trabalho em equipe, pelo qual se compartilham responsabilidades, é, portanto, a alternativa viável para a orientação voltada ao cumprimento de responsabilidades.

Autonomia implica em empoderamento

Conhecer é poder e o conhecimento advém da práxis, isto é, das práticas realizadas em associação com processos reflexivos. Na medida em que decisões conscientes são tomadas, mediante compreensão reflexiva sobre a realidade, e as iniciativas necessárias para a sua implementação são tomadas, constrói-se um ambiente de empoderamento, isto é, uma circunstância em que se desenvolve um sentimento de autoafirmação, de desenvolvimento de competência e de autoridade pela responsabilidade social assumida.

3.2. O que não é autonomia

Como um conceito complexo, a autonomia demanda um conjunto de fatores concomitantes, a fim de que seja caracterizada como um movimento dirigido para a tomada de decisão e assunção competente de responsabilidades pela escola e sua comunidade. Em vista disso, esforços orientados pelo espírito da autonomia são abrangentes e interativos, de modo que se deve, ao vivenciá-lo, evitar a tendência de focalizar um aspecto em detrimento de outro, pois esta prática não se caracteriza como um movimento dirigido à construção da autonomia escolar. Por exemplo, não ocorre um processo de construção da autonomia, quando se realiza:

- a simples transferência de responsabilidade inerente ao âmbito da gestão de sistema de ensino para a escola, o que corresponderia à desresponsabilização de gestores do sistema quanto aos destinos da escola e suas condições de atuação;

- a transferência de recursos financeiros, sem a liberdade e competência de aplicação, por serem insuficientes ou por terem suas dotações previamente definidas, de modo que a escola seja levada a comprar localmente o que lhe interessa;

- a eleição de diretores, realizada sem orientação clara como parte de um projeto mais amplo de construção de escola democrática, participativa e de qualidade, que envolve a prática de um conjunto de mecanismos e processos.

Sem responsabilização competente é possível instalar-se o espontaneísmo e a anarquia em nome da autonomia. E sem compartilhamento dessa responsabilidade é possível instalar-se a centralização de autoridade no âmbito da escola, gerando um autoritarismo interno, muitas vezes mais forte do que o externo. A autonomia da gestão escolar não deve representar também uma independência completa em relação aos sistemas de ensino, que detêm a responsabilidade de mantê-los, coordená-los e de zelar pela elevação dos padrões de qualidade das suas unidades escolares, em conjunto. Essa orientação central, que deve ser realizada em nome e a partir dos ideais mais amplos da educação, é responsável pela orientação do conjunto de escolas, de modo que estas se proponham a vencer suas limitações e alcancem níveis cada vez mais amplos de desenvolvimento e formação dos seus alunos.

3.3. Dimensões da autonomia

A autonomia é realizada em quatro dimensões: a financeira, a política, a administrativa e a pedagógica, sendo que nenhuma delas se basta a si mesma para caracterizar a autonomia da gestão escolar, uma vez que são interdependentes e se reforçam reciprocamente, estando umas a serviço de outras. Essa autonomia se constrói com autoridade, isto é, com o sentido de autoria. Trata-se de uma autoridade intelectual (capacidade conceitual), política (capacidade de compartilhar poder), social (capacidade de liderar e orientar-se por liderança) e técnica (capacidade de produzir resultados e monitorá-los).

As quatro dimensões podem ser representadas em um gráfico de quadrantes, cujas linhas internas, partindo de um ponto numa escala de realização, representam o nível de autonomia exercido pela escola em relação a cada uma das dimensões. Considerando um caso simulado, pode-se verificar, pela irregularidade de proporção em cada quadrante da figura, a desproporção entre as práticas de cada dimensão, o que representaria uma falta de visão de conjunto e interação entre as diferentes dimensões, de que resultaria um desequilíbrio prejudicial do conjunto, tornando-o menos efetivo na realização dos objetivos preconizados.

> É a ação que transforma a realidade e não a contemplação. As ideias não têm valor por si próprias, mas por sua capacidade de impulsionar a ação para promover resultados desejados.

Figura 03 – Eixos de realização das dimensões de gestão escolar

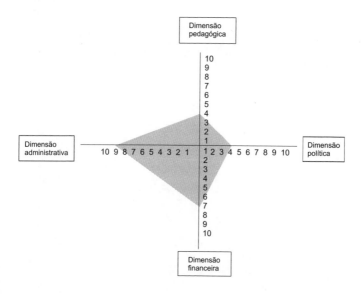

4
A prática e a construção da autonomia de gestão escolar

Conforme foi destacado, a autonomia é um processo aberto de participação do coletivo da escola, na construção de uma escola competente, em que os seus profissionais assumem as suas responsabilidades e prestam contas e seus alunos têm sucesso. Para que essa autonomia aconteça é importante o entendimento pelos participantes da escola dos vários desdobramentos dos conceitos e significados relacionados ao processo. Em especial, é importante o entendimento das implicações relacionadas a essa prática, que envolvem princípios, atitudes e estratégias, assim como, nos bons processos de gestão, monitoramento e avaliação. Estas questões são o objeto deste capítulo.

4.1. Princípios orientadores de práticas de autonomia em gestão escolar

Princípios são linhas orientadoras da ação, que definem uma postura e uma forma de agir que extrapola a própria ação. Os principais princípios para a construção e prática da gestão autônoma são:

Comprometimento

Comprometimento corresponde a uma atitude de sentir-se responsável pela educação como um todo e pelos seus resultados e não apenas com um rol de funções, atividades e horário de trabalho.

Competência

A competência se refere a uma circunstância associada à profissionalização, isto é, à busca contínua pelo aprimoramento da capacidade profissional e pessoal, mediante estudos, observações, reflexões e escrita de sua própria história.

Liderança

Trata-se da liderança de um estilo de atuação pelo qual se toma a iniciativa de contribuir para o bem-estar geral, oferecendo ideias, sugestões, orientações e atuando junto de modo sinérgico.

Mobilização coletiva

Os processos de transformação associados à ação autônoma somente ocorrem mediante ação compartilhada e coletiva. O princípio é o de que a ação individual só é eficaz caso associada a outras ações. Boa ação é aquela que se integra a outras e não a que é isolada. Em vista disso, trabalha bem quem, através de suas ações, mobiliza o interesse, a atenção e a ação de outros para o mesmo fim.

Transparência

A abertura e divulgação do modo de agir, das ideias que sustentam as ações, dos resultados pretendidos, dos interesses a serem atendidos constituem-se em condição para que os demais membros da comunidade escolar possam apoiar essas ações, em vez de serem indiferentes a elas ou de boicotá-las, como às vezes acontece. Essa abertura e divulgação se expressam numa transparência de atitudes e significados.

Visão estratégica

A autonomia de gestão escolar se justifica, dentre outros aspectos, pela orientação da escola para o seu desenvolvimento institucional e de seus processos educacionais. Tal condição somente ocorre mediante visão estratégica, que implica em visão de futuro e abrangente da realidade. Esta é uma condição para que a escola possa responder aos seus desafios mais amplos em vez de fechar-se ao seu modo costumeiro de agir.

Visão proativa

A proatividade consiste em uma orientação positiva da capacidade própria de enfrentar desafios, assumir responsabilidades e criativamente enfrentá-las. A partir dela, em vez de se procurar desculpas para o que se deixou de fazer, procura-se estabelecer condições para fazer; em vez de se procurar culpados pelo que deu errado, procura-se identificar como contribuir para que o encaminhamento seja mais favorável da próxima vez.

Iniciativa

Sem a capacidade de tomar iniciativa na busca de soluções a dificuldades observadas e de envolver-se a partir desse princípio no esforço para essa solução, a autonomia deixa de existir. Quem não toma iniciativa, transfere responsabilidades e deixa de exercer o espírito da autonomia.

Criatividade

A criatividade implica olhar com olhar diferente e novo a realidade e buscar nela novas alternativas de trabalho. Sem esse olhar, é-se dependente do passado, do *status quo*, das práticas convencionais, deixando de ser autônomo em relação a elas.

4.2. Atitudes que cerceiam as práticas autônomas

Mesmo com boas intenções, podemos contribuir para o cerceamento da prática autônoma e evitar a responsabilidade de assumi-la. Portanto, é importante que tenhamos consciência dessa possibilidade, evitando igualmente a adoção de uma atitude reativa. Essas possibilidades estão relacionadas a algumas práticas e atitudes, como as a seguir descritas, que podem ser evitadas, na medida em que se tenha consciência delas:

Acomodação e imobilização

Tão condenadas e ao mesmo tempo tão comumente expressas, a acomodação e imobilização se manifestam de inúmeras formas e representam a incapacidade da pessoa de sair do marasmo, mediante sua da perplexidade diante dos problemas. Ela representa, muitas vezes, uma limitação de horizontes profissionais, passividade, falta de competência profissional, dentre outros aspectos.

Autoritarismo

O autoritarismo é diferente de autoridade. Autoridade todos devemos construir e constitui a capacidade de ser autor dos próprios atos, isto é, consciente dos mesmos, dos seus significados, das suas implicações e do seu alcance e resultados. O autoritarismo corresponde a uma ação centralizada em pessoas e não em ideias e na competência para implementá-las.

Burocratização

A burocratização corresponde à prática mecânica e acrítica de normas e regulamentos administrativos que, embora úteis, perdem seu vigor e sua utilidade na organização, no monitoramento e avaliação de processos, e passam a ser utilizados para limitá-los. Quem age autonomamente utiliza as normas, regulamentos e leis como orientadores da ação, pela leitura do seu espírito; quem age reativamente lê a letra da lei e busca nelas os aspectos limitadores e cerceadores da ação[15].

Medo de perda de poder e controle

A prática autônoma corresponde a uma descentralização e distribuição de poder, de capacidade de decisão e de espaço para a experimentação de novas iniciativas para todos os segmentos da educação e da escola. Tal processo não ocorre sem risco. No entanto, ele é necessário. Como o poder se assenta sobre a capacidade de fazer, ao se possibilitar o aumento da capacidade de alguém de fazer, e ao se assumir responsabilidade por orientar e estimular esse processo, em decorrência, necessariamente, aumenta o poder de todos. Com a criação de novos espaços de poder e de circunstâncias para exercitá-lo, o poder é aumentado e disseminado, em vez de ser dividido.

---

15. É alarmante verificar como é frequente essa orientação reativa e burocratizante, realizada mediante leitura "ao pé da letra", adotada pelas assessorias jurídicas de secretarias de Educação que, em geral, agem de maneira a definir, a partir das demandas, o que não pode ser feito, em vez de procurar aberturas para o que pode. Muitas vezes, até conselhos de educação atuam orientados por essa lógica.

Delimitação e transferência de responsabilidade

São clássicas a delimitação e transferência de responsabilidade no trabalho e na educação. As análises que são feitas sobre as causas de evasão e repetência escolar e dos baixos resultados da educação que buscam definir um responsável para esses fenômenos, para então transferir-lhe a responsabilidade por resolver seus problemas, é um exemplo. O professor que só se preocupa com sua turma de alunos, o secretário escolar que só se envolve com os documentos da escola, a servente que só varre a escola, conforme foi designado que fizesse, constituem práticas não tão incomuns e que traduzem o espírito limitado e burocrático do trabalho.

Dependência

A dependência está associada à falta de iniciativa, à espera que outros indiquem o que deva ser feito para resolver um problema, visando dar encaminhamento a uma situação. Age-se por comando ou impulso externo, para depois se eximir da responsabilidade pelos resultados.

Individualismo

É muito comum o professor agir de forma individualista e usar esse individualismo como sinal de grande responsabilidade profissional. Ele o faz, por exemplo, quando se preocupa exclusivamente com sua turma de alunos, deixando de dedicar seu tempo e sua atenção para as questões gerais da escola. Dessa forma, ele tende a agir de maneira isolada, deixando de compartilhar objetivos comuns com os colegas e de fortalecer o processo educacional como um todo, que se constitui em condição de construção da autonomia da escola.

4.3. Estratégias de construção da autonomia da gestão escolar

A construção da autonomia da gestão escolar passa pelo desenvolvimento de atitudes, tais como as apontadas anteriormente, assim como pelo esforço sistemático e organizado de várias estratégias, a seguir explicitadas.

Organização de mecanismos de gestão colegiada

Como a ação autônoma se realiza pela tomada de decisão em conjunto e pelas ações coletivas para implementá-las, esta deve ser organizada, estimulada, orientada, monitorada e avaliada em seus processos e resultados. Para tanto, é necessário criar e fazer funcionar continuamente mecanismos de gestão colegiada, como por exemplo Conselho Escolar, Grêmio, Comissões de Currículo, de parcerias, de atividades extraclasse, de projetos, etc.

Formação de parcerias

Como a autonomia se constrói a partir da participação e contribuição pela comunidade e pais para a qualidade do ensino, é importante estabelecer com eles linhas de parceria para essa contribuição. Por meio de acordos de parcerias com diferentes pessoas para que contribuam com seus conhecimentos e habilidades é possível aumentar o capital cultural e intelectual da escola, de forma significativa, saindo todos ganhando com esse processo.

Desenvolvimento de espírito comunitário e de equipe

Esta é uma estratégia que demanda por parte dos gestores atenção constante. Para promovê-la é fundamental que se tenha em mente não apenas os resultados a serem obtidos por uma atividade ou conjunto de atividades adotadas para promovê-los, mas também os processos sociais com que os mesmos são realizados. O reforço aos resultados coletivos, às ações colaborativas, ao espírito de conjunto, o processo continua.

Desenvolvimento de competências de autogestão

Autonomia confunde-se com autogestão e somente ocorre quando esta prática é realizada com competência. Para tanto, os gestores necessitam promover o desenvolvimento entre os profissionais da escola de conhecimentos, habilidades e atitudes que se associem aos princípios, estratégias e características explicitados para a construção da autonomia.

4.4. Monitoramento e avaliação como corolário da autonomia da gestão escolar

Expressa-se na literatura sobre gestão, sobretudo a dirigida à escola pública, uma grande ênfase sobre as questões da gestão democrática e da participação[16]. A ênfase é a de subsidiar a escola para uma mudança de mentalidade e atitude, sem a qual os estabelecimentos de ensino não poderiam ser efetivos em seu papel social. Essa literatura e as práticas de gestão correspondentes tendem a ignorar e, algumas vezes, até mesmo a rejeitar um outro enfoque da gestão, que parece dirigir-se à escola particular e que são uma prática comum em contextos internacionais (LÜCK, 2004): o enfoque sobre a melhoria do ensino, a qualidade, os resultados e o monitoramento e avaliação. Identifica-se, no entanto, entre nós, a disjunção entre as duas orientações: um grupo enfoca os processos políticos e outro os resultados, de maneira dissociada e como aspectos estanques e isolados entre si. Há até mesmo o entendimento de que

---

16. Veja-se a respeito a revista **Gestão em Rede**, do Consed – Conselho Nacional de Secretários de Educação, que tem apresentado o reforço dado a essas práticas nas escolas públicas brasileiras.

a preocupação com estes aspectos estaria em oposição aos anteriores, uma vez que os mesmos serviriam a uma política neoliberal de governo, que expropriaria as unidades sociais de sua produção.

É importante, no entanto, ressaltar que a articulação dessas duas dimensões é fundamental para que a escola possa realizar o seu papel social. Isso porque de nada adiantariam seus processos sociais de participação política como um valor em si, e sim pelos resultados que possam promover em termos educacionais. Preconiza-se que a gestão escolar seja autônoma e democrática porque se entende que estas são as características que a cultura da escola deva ter para que possa promover a formação para a cidadania numa sociedade democrática. Esta, para ser plena, necessita tanto de uma nova mentalidade e atitudes como também de conhecimentos e habilidades adequados à sua expressão, que tornam as pessoas capazes de agir. Isto é, há necessidade de competências técnicas para que a competência política seja efetiva. Ressalta-se que é a ação que transforma a realidade e não a contemplação, e que as ideias não têm valor por si próprias, mas por sua capacidade de impulsionar a ação para promover resultados desejados.

O desenvolvimento da escola e a realização de seu trabalho assentam-se sobre valores e fundamentos que se traduzem na proposição de objetivos que, para realizar-se, é necessária a orientação clara e objetiva de seus resultados intermediários e finais. Estes funcionam como parâmetro para o acompanhamento e a avaliação do processo educacional, realizados de modo a garantir a necessária correção de rumos, o cuidado com o ritmo constante de trabalho, a identificação de dificuldades a serem contornadas e de desafios a serem assumidos.

Em consequência, o monitoramento e a autoavaliação se constituem em responsabilidade pública da gestão democrática. Estes mecanismos permitem estabelecer a credibilidade da escola e da educação, que tanto carecem de reconhecimento público para sua revitalização. Aliás, identifica-se que a própria legitimidade da escola depende desse processo (GADOTTI, 1997).

Com esse enfoque em mente, o Consed – Conselho Nacional de Secretários de Educação – promoveu a instituição do Prêmio Nacional de Referência em Gestão Escolar[17], objetivando oferecer às es-

---

17. O Prêmio Nacional de Referência em Gestão Escolar é uma iniciativa conjunta do Consed, Undime, Unesco e Fundação Roberto Marinho, e sua realização está diretamente relacionada ao empenho das secretarias estaduais de Educação, que, a partir de Comissão Estadual de avaliação que formam, promovem a divulgação do Prêmio como um processo de autoavaliação pelas escolas. A sua implementação conta com o apoio da Fundação Ford, do Fundo das Nações Unidas para a Infância – Unicef –, da Embaixada dos Estados Unidos no Brasil, do Conselho Britânico e de outros organismos e instituições. O Prêmio foi implantado em 1998, para estimular o processo de melhoria do desempenho das escolas

colas um estímulo e uma orientação para a realização de sua autoavaliação, como um processo participativo e, portanto, pedagógico. Há de se reconhecer que a avaliação é um importante e imprescindível instrumento de gestão[18]. O Prêmio focaliza cinco categorias de análise, sendo quatro delas voltadas para processos (gestão participativa, gestão pedagógica e gestão de serviços de apoio e recursos físicos e financeiros), e uma delas voltada para resultados (gestão de resultados educacionais), que dariam significado e legitimariam os processos.

4.5. Desenvolvimento da autonomia da escola: um exercício de diagnóstico

Os diretores e assessores pedagógicos de escolas municipais de Pinhais-PR, em uma primeira reunião de oficina sobre a autonomia, identificaram uma série de questões como importantes para iniciarem

---

públicas brasileiras e o sucesso da aprendizagem dos seus alunos, pela identificação e reconhecimento, como referência nacional, de estabelecimentos que estejam desenvolvendo práticas eficazes de gestão.
A promoção do Prêmio tem sido orientada para atingir os seguintes objetivos: a) estimular o desenvolvimento da gestão democrática na escola, tendo como foco o compromisso com uma aprendizagem de qualidade; b) valorizar as escolas públicas de educação básica que se destaquem por iniciativas e experiências inovadoras e bem-sucedidas de gestão escolar; c) apoiar o desenvolvimento de uma cultura de autoavaliação da gestão escolar; d) incentivar o processo de melhoria contínua na escola, pela elaboração de planos de ação, tendo como base a sua autoavaliação.

18. Este tema será explicitado no Vol. IX desta Série Cadernos de Gestão.

o seu trabalho de orientação da construção da autonomia nas escolas, a partir da mudança de práticas e atitudes presentes identificadas. A seguir são apresentados em três quadros os resultados de sua reflexão, realizada em uma dinâmica de grupo de duração de 30 minutos.

Quadro 07 – O que é autonomia e como se expressa

Autonomia é expressão de cidadania e se realiza na escola a partir de:
- Perspectiva de alunos como sujeitos.
- Comunicação e processo interativo abertos.
- Participação de todos.
- Prática de valores: responsabilidade, organização, respeito, respeito interpessoal.
- Criatividade.
- Consciência da relação entre direitos e deveres.
- Uso produtivo da liberdade.
- Integração entre escola e comunidade, a partir de ações voltadas para a qualidade.
- Comprometimento com a qualidade contínua.
- Ação orientada para construção da credibilidade.

Fonte: Cedhap, Oficina de capacitação, trabalho em grupo – Semec. Pinhais, PR, 2002.

Perguntados a respeito de que dificuldades observariam existir em suas escolas, que representariam limitações para o exercício da autorresponsabilização, que se constitui em condição para o desenvolvimento da autonomia, os diretores e assessores pedagógicos indicaram várias situações, resumidas no Quadro 08. As mesmas apontam para questões relativamente comuns nas escolas, que demandam a atenção da gestão escolar para superá-las.

Quadro 08 – Situações limitantes ao desenvolvimento da autonomia na escola

- Falta de iniciativa em assumir ações pelas quais são responsáveis.
- Acomodação.
- Resistência à mudança.
- Transferência de responsabilidade.
- Professores fechados por falta de conhecimentos.
- Professores centrados na sala, sem momento e prática de discussão de assuntos da atualidade para alargamento de horizontes.
- Falta de entrosamento entre os professores para discutir e promover o projeto pedagógico da escola.
- Falta de predisposição para a leitura e estudo reflexivo.
- Falta de participação comprometida.
- Professores reclamam que ficam fora das decisões, mas não dão retorno: ficam só no seu mundo.
- Professores trabalhando por obrigação, sem motivação própria.
- Há uma grande distância entre dois grupos de professores: os comprometidos e os omissos; uns fazem por amor, outros por obrigação.

Fonte: Cedhap, Oficina de capacitação, trabalho em grupo – Semec. Pinhais, PR, 2002.

Com o objetivo de ampliar o conhecimento do entendimento que os diretores e assessores pedagógicos das escolas de Pinhais-PR têm foi perguntado a eles o que eles julgam como não sendo autonomia, embora de certa forma expresso como tal na escola. As suas respostas são apresentadas no Quadro 09, a seguir. Pode-se verificar tratar-se de questões fáceis de serem superadas, mediante cuidados específicos.

Quadro 09 – O que não é autonomia

- Cada um atuando no seu espaço, desconsiderando os demais.
- Cada um empolgado no seu projeto.
- Atitude de aguardar o sinal externo para agir.
- Falta de uma pauta para orientar o trabalho.
- Falta de respeito a uma pauta estabelecida.
- Individualismo – cada um na sua.
- Falta de uma orientação comum.
- Demora para engrenar o trabalho.

Fonte: Cedhap, Oficina de capacitação, trabalho em grupo – Semec. Pinhais, PR, 2002.

A partir do desenvolvimento da experiência de Pinhais verifica-se que o desenvolvimento da autonomia é um processo prolongado que demanda o envolvimento de todos na escola e implica em mudança de atitude e colocação em prática de novos entendimentos, de modo a se poder mudar a cultura escolar. Esse desenvolvimento não ocorre espontaneamente e nem mesmo apenas a partir de esforço próprio da escola. Ele necessita de orientação externa, do que se conclui que uma política de educação orientada para a construção da autonomia da gestão escolar necessita de uma dose de heteronomia.

5
Destaques sobre a efetividade da autonomia da gestão escolar

Uma escola é instituída como uma organização a serviço da sociedade, para realizar a incumbência de educar as suas crianças e seus jovens de modo que possam dela participar efetivamente e contribuir para seu desenvolvimento, assumindo um estilo de vida produtivo, organizado e feliz.

Nenhuma escola, como qualquer organização social, é inteiramente autônoma. Todas elas são interdependentes, pois, como elementos da sociedade, dependem umas das outras para realizar o seu trabalho, assim como, até mesmo, para justificar a sua existência. Essa interdependência é sobretudo acentuada na escola pública que, fazendo parte de um sistema de ensino e de um regime de governo, e sendo através desse governo mantida pela sociedade, tem, em consequência, o escopo de sua autonomia delimitado e caracterizado pelo respeito às proposições legais nacionais, estaduais e municipais, assim como pelas demandas, normas, regulamentos e planos globais de gestão do sistema de ensino como um todo.

Nesse sentido, autonomia não corresponde ao exercício de vontades e interesses particulares ou ao modo peculiar de pensar dos participantes da escola. Não constitui um direito de agir com liberdade irrestrita, muito menos de adotar, em nome da autonomia, ações e atitudes que detenham, desvirtuem ou prejudiquem a realização dos objetivos e obrigações educacionais e sociais de melhorar continuamente a qualidade do ensino e oferecer aos alunos ambiente e experiências educacionais formadores, de alto nível.

Caprichos individuais ou coletivos, veleidades, desordenação, falta de consciência do bem comum da sociedade e das necessidades educacionais dos alunos, comodismo e falta de coragem em assumir desafios muitas vezes se manifestam camufladamente como demanda de espaço para a ação autônoma. Por outro lado, outras vezes, as solicitações e cobranças do sistema de ensino por qualidade maior do trabalho das escolas são interpretadas como sinal de autoritarismo e centralização, e como diminuição do espaço da autonomia da gestão da escola.

A respeito, é importante ressaltar ser necessário ter em mente que a autonomia corresponde a uma forma de agir que caracteriza a capacidade de quem a exercita, de assumir responsabilidade pelos seus atos, de comprometer-se com a sua melhoria, tendo como pano de fundo e visão de futuro o bem comum, os interesses amplos da sociedade e, no caso da educação, os fundamentos, princípios e objetivos educacionais que visam a formação competente dos seus alunos. Para tanto, não se pode transferir a outrem a responsabilidade que lhe cabe.

Como a prática educativa eficaz é emancipatória, uma vez que contribui para a emancipação dos indivíduos de suas limitações, de seus preconceitos, de suas visões distorcidas de mundo e de si mesmos, da ignorância, enfim, para realizar essa prática de modo efetivo, torna-se necessário (re)criar a prática escolar e a escola em última instância, como instituição autônoma-cidadã.

O conceito de autonomia está relacionado às tendências mundiais de globalização e mudança de paradigma que têm repercussões significativas nas concepções de gestão educacional e nas ações delas decorrentes. Descentralização do poder, democratização do ensino e de sua gestão, busca crescente de qualidade, instituição de parcerias, flexibilização de experiências, mobilização social pela educação, sistema de cooperativas e interdisciplinaridade na solução de problemas são alguns dos conceitos relacionados a essa mudança. Portanto, a autonomia da gestão faz parte de um conjunto de demandas e orientações, sem as quais a mesma não se realiza.

Em decorrência, autonomia é um processo complexo, com múltiplos desdobramentos, e é inerente ao processo de educação voltado para a sociedade igualmente complexa.

A autonomia da gestão escolar é importante, pois possibilita aos seus profissionais demonstrarem sua responsabilidade no fazer educacional, agindo, inovando, tomando decisões conscientes e comprometidas com melhores resultados. O seu exercício constitui, portanto, o termômetro da competência da escola e de seus profissionais em cumprir os seus propósitos.

A autonomia de gestão escolar estabelece parâmetros de qualidade ao trabalho coletivo, norteando as responsabilidades do conjunto dos profissionais da escola, estabelecendo oportunidades de exercício de criatividade e espírito de inovação, de renovação das práticas profissionais e de compromisso social da escola. Em vista disso, pela construção da autonomia, os profissionais da escola desenvolvem maior sentido de competência, elevam o seu valor profissional e ganham uma dimensão de maior importância social.

A autonomia de gestão escolar corresponde à associação entre tomada de decisão e ação, entre planejamento e compromisso com a execução do planejado, entre execução e monitoramento, entre avaliação e prestação de contas, entre resultados promovidos e recursos utilizados.

Referências bibliográficas

ALVAREZ, Manuel. Autonomia da escola e profissionalização da direção escolar. In: **Inovação**, vol. 8, n. 1 e 2, 1995, p. 41-56.

BARROSO et al. A administração escolar: reflexões em confronto (mesa-redonda). In: **Inovação**, vol. 8, n. 1 e 2, 1995, p. 7-40.

BULLOCK, Alison & THOMAS, Hywel. **Schools at the centre: a study of decentralisation**. London: Routledge, 1997.

COSTA, Vera Lúcia Cabral (org.). **Gestão educacional e descentralização**. São Paulo: Cortez, 1997.

CRUZ, Rosilene Miranda Barroso da et al. A cultura organizacional nas empresas e nas escolas. In: OLIVEIRA, Maria Auxiliadora Monteiro. **Gestão educacional: novos olhares, novas abordagens**. Petrópolis: Vozes, 2005, p. 54-74.

CUNHA, Pedro D'Orey. Desenvolvimento do novo modelo de administração e gestão das escolas:

desvios e aprofundamentos. In: **Inovação**, vol. 8, n. 1 e 2, 1995, p. 57-69.

DELORS, Jacques (org.). **Educação: um tesouro a construir**. 3. ed. São Paulo: Cortez, 1999.

DEMO, Pedro. **Participação é conquista**. 5. ed. São Paulo: Cortez, 2001.

GADOTTI, Moacir. Projeto político-pedagógico da escola: fundamentos para sua realização. In: GADOTTI, Moacir & ROMÃO, José E. (org.). **Autonomia da escola: princípios e propostas**. 2. ed. São Paulo: Cortez, 1997.

GHANEM, Elie. **Democracia: uma grande escola**. São Paulo: Ação Educativa, 1998.

HORA, Dinair Leal da. **Gestão democrática na escola**. Campinas: Papirus, 1994.

KARLING, Argemiro Aluísio. **Autonomia: condição para uma gestão democrática**. Maringá: Eduem, 1997.

LÜCK, Heloísa. Liderança em gestão: propostas e experiências para o desenvolvimento da educação no Reino Unido. Revista **Gestão em Rede**, mai./2004, p. 11-15.

_____ **Metodologia de projetos para a melhoria contínua: uma ferramenta de planejamento e gestão**. Curitiba: Cedhap, 1999.

_____ **Permanência e inovação no ensino: explicações e perspectivas**. Curitiba: Universidade Federal do Paraná, 1987, 148 p. [Tese – Professor titular na disciplina de Estrutura e Funcionamento do Ensino].

MALPICA, Carlos N.F. **Descentralización y planificación de la educación: experiencias recientes en países de América Latina**. Paris: Unesco/IIPE, Paris, dez./1994 [Informe de Investigación n. 102].

MARTINS, Ângela Maria. **Autonomia da escola: a (ex)tensão do tema nas políticas públicas**. São Paulo: Cortez, 2002.

PARENTE, Marta & LÜCK, Heloísa. **Mapeamento da descentralização da educação brasileira nas redes estaduais do ensino fundamental**. Brasília: Ipea/Consed, 1999.

PARO, Vitor Henrique. **Eleições de diretores: a escola pública experimenta a democracia**. Campinas: Papirus, 1996.

SANDER, Benno. **Gestão de educação na América Latina: construção e reconstrução do conhecimento**. Campinas: Autores Associados, 1995.

SECRETARIA DA EDUCAÇÃO E CULTURA DA BAHIA. **Manual de procedimentos e rotinas**. Salvador: Secretaria da Educação, 2000.

SILVA, Jair Militão da. **A autonomia da escola pública**. 5. ed. Campinas: Papirus, 2001.

UBALDI, Pietro. **Problemas atuais**. Rio de Janeiro: Fundação Pietro Ubaldi, 1986.

Inteligências Múltiplas

Jogos e brincadeiras para educar e desenvolver várias habilidades.

Esta coleção de fascículos, pela primeira vez trata com texto e experimento específico, cada uma das diversas inteligências humanas. Adquira já a coleção completa.

Conecte-se conosco:

f facebook.com/editoravozes

⌾ @editoravozes

🐦 @editora_vozes

▶ youtube.com/editoravozes

☏ +55 24 2233-9033

www.vozes.com.br

Conheça nossas lojas:

www.livrariavozes.com.br

Belo Horizonte – Brasília – Campinas – Cuiabá – Curitiba
Fortaleza – Juiz de Fora – Petrópolis – Recife – São Paulo

EDITORA VOZES LTDA.
Rua Frei Luís, 100 – Centro – Cep 25689-900 – Petrópolis, RJ
Tel.: (24) 2233-9000 – E-mail: vendas@vozes.com.br